Seeleninsel - Wangerooge

©©**Wolf E. Matzker**
Fotos: Wolf E. Matzker
Herstellung und Verlag:
BoD - Books on Demand, Norderstedt
Ausgabe mit Fotos, 2016
ISBN: 9783739232492

Seeleninsel Wangerooge

naturmystische Gedichte und Gesänge

Wolf E. Matzker

Trommel und Medizinstab am Weststrand von Wangerooge.

Inhaltsverzeichnis:

1. Meine indianische Seele	S. 6
2. Wangerooge	S. 29
3. Amrum	S. 71
4. Wallgau	S. 82
5. Die Weisheit der Eule	S. 94
6. Magische Wege am Meer	S. 128
7. Die Mutter des Meeres	S. 143

Einleitung:

Wangerooge ist eine der ostfriesischen Inseln, die ich seit meiner Kindheit in den fünfziger Jahren kenne. Es ist keine besonders große und auch keine spektakuläre Insel, aber sie hat eine gewisse Symbolik durch besondere Orte, wie den Westturm oder den Ostanleger, und auch durch ihre besondere Lage, die sich im Zweiten Weltkrieg verhängnisvoll ausgewirkt hatte. Das habe ich zum Teil in meinen Gedichten zum Ausdruck gebracht.

Besondere Orte haben für den Menschen immer einen Bezug zu seinem inneren Kern, zu seiner Seele. Sie spiegeln diese in der äußeren Landschaft wider. Das gilt für alle Orte, die ich in meinen Gedichten genannt und thematisiert habe. Dabei sind diese seelischen Qualitäten nicht nur individuell und subjektiv zu verstehen, sondern eben als allgemein menschliches Phänomen.

Besondere Orte sind Orte der Kraft, der Inspiration, des heiligen und heilenden Geistes von Mutter Erde.

Jeder Mensch mag seine besondere Insel oder seinen heiligen Berg haben, wenn er ein tiefes Verbundenheitsgefühl mit der Erde, mit der Natur hat und dieses erlebt hat und weiterhin lebt.

Der Unterschied zu romantischen oder naturalistischen Gedichten der deutschen Literaturgeschichte besteht darin, dass es bei meinen Gedichten mehr um die transpersonale, tiefenökologische und naturspirituelle Dimension geht. Die Dichter der Vergangenheit, z.B. Hölderlin oder Eichendorff, hatten meist nur ansatzweise eine Naturreligion gelebt. Sie besaßen auch nicht annähernd das Wissen über die Naturreligionen der Erde, über das wir heute verfügen können.

Wolf E. Matzker

Meine indianische Seele

Der Autor ruft die Geister der Natur am Westende von Wangerooge.

Fliegende Möwe am Nordstrand von Wangerooge

Der Glaube der Schamanen

Wir glauben an die
Weisheit des wehenden Windes

Wir glauben an die
Reinheit des fließenden Wassers

Wir glauben an die
Kraft der uralten Steine

Wir glauben an die
klingenden Gesänge der Wale

Wir glauben an die
Mutter der Berge, der Bäume

Wir glauben an die
Kräfte der weißen Knochen

Wir glauben an das
Wissen der Steine und Sterne

Wir glauben an die
Klänge und Kräfte der Trommel

Wir glauben an die
Botschaften des heiligen Rauches

Wir glauben an gar nichts
Wir leben die Weisheit der Winde

Heilige Erde

schön ist es
auf den uralten Felsen
eines Berggipfels zu sitzen

schön ist es
in einsamem Flusstal
Steine und Hölzer zu suchen

schön ist es
unter einer alten Tanne
zu meditieren

schön ist es
auf einem Gipfel zu stehen
zu rauchen die rote Pfeife

und die Geister
des Himmels der Winde
zu rufen zu lauschen

ihrer Weisheit

Das Echte der Natur

sie sitzen vor ihren Fernsehern
oder ihren Computern
und wissen nicht mehr
was echtes Leben ist

sie schauen zu - schauen zu
leben nichts selbst mehr
leben in fremden Welten
der bloßen Phantasie

draußen zu sitzen am Feuer
den Fluss der Berge zu hören
zu spüren, zu fühlen die Luft
der Gräser, der Tannen

zu sitzen auf der Erde
auf den Steinen der Urzeit
blicken hinauf zu den Bergen,
den Sternen der Weisheit

verbunden mit dem heiligen
Gewebe der Geister des
vielfältigen Lebens,
der Schönheit des Kreises

Auf dem Brocken

alles findest du hier oben:
eine Bahnstation
ein altes Restaurant
und ein neues im Turm
ganz oben eine Aussichtsplattform
eine Wetterstation
eine gigantische Funkstation
ein Museum
einen künstlich gestalteten Gipfel
was willst du mehr ?
und beim Brockenwirt gibt
es Erbsensuppe mit Wurst
für vier Euro fünfzig

hinter dem Zaun siehst
du die alten, heiligen Steine
und sie lachen
über die Menschen
denn sie wissen
dass alles nur leer
dass alles nur heute so ist
und irgendwann nicht mehr

wenn keiner schaut
verschwinde ich durch den Zaun
verstecke mich hinter
den Felsen

opfere meine kleinen Steine
aus den Alpen
rauche meine
Chanupa lutah
Chanupa wakan

und der würzige Rauch

verbindet mich
mit den Geistern der Erde
der Felsen und des weiten Himmels

und meine Seele fühlt den Geist
von Wakan Tanka und Wanblee

und ich singe mit dem Wind ein Lied
freue mich über die Schönheit
der bizarren Eisformen
auf den Felsen
auf den Tannen

die wilde Schönheit der
ungezähmten Natur
die wilde Schönheit
des Windes des Eises

(Erklärungen: Chanupa lutah = rote Pfeife, wakan = heilig;
Wakan Tanka = großer Geist; Wanblee = Adler)

Die Weiße Tara

sie leuchtet in dunkler Nacht
sie durchlichtet dein Leiden
sie erleuchtet deine Seele

sie ist der Stern am frühen Morgen
sie ist der Stern am Abend
sie ist das Licht der Kerze

das Licht der weißen Tara
das leuchtende heilende Licht
der stillen Weisheit

die ruhende Kraft der Steine
der sanfte Mut des Tigers
das langsame Wachsen der Eichen

die weite Liebe der Mutter
die alles versteht und alles
vergebend annehmen kann

die blaue Leere des Himmels
in der sich auflösen
die Kämpfe und der Hass

der schwarze Schoß der Nacht
in der du fühlst die Weisheit
hinter allen bunten Bildern

Alles fließt

die einen sehen nur die Steine
das Metall und das Geld
die anderen nur den Fluss
die Wolken und das Meer

der Fluss braucht die Berge
die Steine das weite Land
die Berge und Steine
schaffen den wandernden Fluss

deine Seele ist nur ein Blitz
ein rauchender Wind in der Steppe
deine Seele ist ein blauer Stein
der liebenden Weisheit

deine Seele ist ein alter Traum
den du wach tanzen willst
deine Seele ist ein Weg
der verliert sich in den Bergen

der Fluss des Lebens
durchströmt die wechselnden
Zeiten und löst sich auf im
Ozean der vollen Leere

Mein Weg zum Glück

Buddhas Weg zum Glück
ein Buch des Dalai Lama
aber mit Glück meint er
etwas anderes als die Suche
nach den tausend Dingen

viele Wege des Glücks gibt es
viele Menschen viele Wege
der eine liebt den Marktplatz
der andere die Stille des Klosters

oben
auf den Hügeln und Bergen
wenn der Blick schweift
übers endlose Land
hinauf zu den Wolken
den ziehenden wandernden
spürend den weiten Raum
das Leben den Kosmos
verbunden mit allem
dem Schnee auf den Feldern
dem fliegenden Bussard
den Spuren der Füchse
den Bäumen und Büschen
die warten auf Wärme
verbunden mit dem ganzen Kreis
des schönen Lebens

Meine indianische Seele

ich komme aus den Bergen des Himmels
weit im Osten dem Land der Bären und Wölfe

ich komme von den weiten Flüssen
die sich winden und wandern
durch endlose Wälder der Tannen

ich komme von den Luchsen der leeren Räume
und den Raben der Felsen

meine Seele ist eine Feder
meine Seele ist ein Stein
meine Seele ist eine Trommel

ich war nie ein Mensch
wenn ich auch so aussehe
und in diesem Körper bin

ich rede mit den Steinen
den Bäumen den Füchsen
den Wolken und Sternen

meine Seele klingt durch die Nacht
und reitet mit dem Wind um die Erde

meine Seele ist der Schrei der Eule
und das Heulen der Wölfe der einsamen Taiga

meine Seele ist ein Adler
der kreist um die weißen Gipfel
der Berge des Altai

mein Herz schlägt
wie die Trommel der Erde
und kreist wie die Sterne der Nacht

Die Klagen der Baumgeister

schon der alte Seattle
hatte in seiner Rede
von der Zerstörung
der Natur gesprochen

und der Einsamkeit der Seele
wenn sie verschwinden
von der Erde die Tiere
die wilden

sie fällen die Bäume
sie mögen sie nicht
die großen alten
Bäume des Himmels

sie hören nicht
wenn die Geister der Bäume
weinen und klagen
dass sie nicht wissen

wohin weil sie verloren
ihren Platz ihren Stamm
der sie verband mit
der Erde dem Himmel

sie hören nicht die
Stimmen der Bäume
denn ihre Sägen sind laut
die kreischen und kreischen

erklären kannst du nichts
denn ihr Herz ist tot
und sie wollen nur
Straßen und Beton

Im Tal des alten Flusses

seit Jahrtausenden
windet sich die Schlange
und sucht ihren Weg
durch die Berge

sie nennen sie Isar
aber sie hat keinen Namen
sie ist nur das Wasser
sie ist nur Bewegung

du warst kurz
in ihrem breiten Tal
hast ein paar Medizinräder gelegt
ein paar kleine Stupas errichtet

getrommelt und deine Pfeife
geraucht am stillen Abend
im Tal des alten Kojoten
nur kurz warst du da

und der Fluss fließt weiter
singend sein uraltes Lied
dem du gelauscht
mit offenem Geist

sie hat keinen Namen
die Schlange des Wassers
sie ist nur das Fließen
hinunter zum Meer

Verlorenes ist nicht verloren

sie haben ihre Black Hills verloren
an die unersättliche Gier der Weißen
aber sie hüten das heilige Erbe
bis alle erkennen was wahrer Besitz

sie haben verloren das weite Land
alles ist vermessen und eingezäunt
aber sie hüten den Geist der wilden
Tiere die wandern mit dem Fluss

sie haben uns verfolgt und
getötet und zu Tode ignoriert
aber wir sind noch da mit unseren
Trommeln und den heiligen Federn

zerstört ruhig weiter die Landschaft
sägt ab die letzten alten Bäume
ich hüte weiter heilige Stätten
ihr braucht es nicht zu wissen

an welchen verborgenen Orten
ich sage nur: alles kann
wieder anders werden wenn
der Alptraum der Technik vorbei

die tiefen Verbindungen von uns
sind niemals verloren
denn wir sind verbunden
mit den ewigen Geistern

alles können wir neu schaffen
hervorrufen aus der leeren Fülle
aber in dunklen Zeiten
vergraben wir Heiliges

um es zu schützen

Lebensform des Schamanen

wenn ich meine Chanupa auf dem
heiligen Berg rauche
bin ich Schamane

wenn ich bei Lidl
dies und das einkaufen muss
bin ich Schamane

wenn ich trommle und die
wilden Krafttiere rufe
bin ich Schamane

wenn ich meinen Schülern
von Hölderlin erzähle
bin ich Schamane

wenn ich mit den weißen Wolken
stille Gespräche führe
bin ich Schamane

wenn ich im Schuppen
Kaminholz klein hacke
bin ich Schamane

wenn ich in Trance durch die
Gegend laufe Federn suchend
bin ich Schamane

wenn ich eine Gemüsepfanne
zubereite in der Küche
bin ich Schamane

wenn ich in tiefer Nacht
zur Göttin des Mondes bete
bin ich Schamane

Zugang zur Weisheit

Manjushri
der Buddha der Weisheit
mit dem Flammenschwert
der klaren Schärfe des Geistes

ich habe
alle Weisheit gefunden
draußen bei den
Steinen und den Bäumen

bei der Eiche von Eilum
auf dem Lusen oder
auf dem Hinterwaldkopf
und dem Grünkopf

oder im Tal des Kojoten
auf dem Sasso di Stria
und dem Falzarego-Pass
oder bei irgendeinem Wegkreuz

überall fand ich ein Tor
ins Mandala der Weisheit
einen verborgenen Weg
in den Tempel des Lichts

Manjushri mit dem Schwert
ein schöner, lächelnder Buddha
verborgen in den Felsen
des Dharmakaya

(Alle genannten Orte gibt es tatsächlich. Ich könnte noch viele
weitere in Deutschland und anderen Ländern nennen,
aber jeder muss seine eigenen Orte, bzw. Türen finden.
Dharmakaya: Ebene der Wahrheit und Weisheit.)

Sacred Fire

du siehst Berichte über die
Besiedelung des Mars
oder irgendwelcher Planeten
in ferner ferner Zukunft

du siehst Berichte über die
künstliche Evolution
des Menschen gesteuert
von klugen Wissenschaftlern

du siehst Berichte über das
Verschwinden der Wildnatur
und ganz neue Tierarten
und Pflanzen auf der Erde

aber du liebst
das uralte Feuer
zwischen den Steinen
der schwarzen Nacht

du liebst das Feuer
unter dem leeren Raum
eines weiten Himmels
ohne die tausend Augen

einst war es anders und frisch
die Luft und das Wasser der Flüsse
das Meer und die Gipfel
der weißen Berge

du lebst in einer Zeit der Technik
der künstlichen Intelligenz
aber deine Seele fliegt
mit dem Adler zum

uralten Feuer am Fluss

Gesang für einen einsamen Baum

einst standest du allein
oben auf der Anhöhe
im Wind an der Grenze
des Landkreises

jetzt stehst du in einer Reihe
klein und verloren
mit den riesigen Windrädern
den technischen Dinosauriern

aber die Krähen und Bussarde
landen in deinen Zweigen
sie besuchen dich immer
auf ihren alten Flügen

ein Künstler macht vielleicht ein Foto
oder ein Indianer streut
etwas Tabak und spricht
ein uraltes Gebet

wenn dich die bezahlten Killer
von der Straßenmeisterei
übersehen und vergessen
kannst du überleben

und hüten die
Grenze des
Windes

(Für eine Linde, die zwischen Winnigstedt und Gevensleben
auf einer Anhöhe steht, allein inmitten einer Reihe
von elf großen Windrädern.)

Pestruper Gräberfeld

ein uraltes Feld
vieler kleiner Hügel
Tausende von Jahren alt
Heide und Birken

ein hellbraunes Feld
wie die Erde die Heide das Gras
die grauhellen Steine und
das Grün der Birken

ein leeres Feld
leer wie der blaue Himmel
leer wie die ziehenden Wolken
leer wie der Wind des Meeres

ein zeitloses Feld
hier spürst du das Licht
ganz anderer Zeiten jenseits
der wirbelnden Gegenwart

ein stilles Feld
hier liegst du unter einer Birke
schläfst schon als gestorben
und lauschest dem Wind

der kommt vom Meer
und weht übers Land

(Das Pestruper Gräberfeld ist eine alte Grab- und Kultstätte
südlich des Ortes Wildeshausen, inmitten der Wildeshauser Geest,
wo es viele alte Kultstätten gibt.)

Nächtliche Stimmen im Wind

hörst du sie
die alten Stimmen
die uralten Stimmen des Windes
des Meeres der Bäume ?

hörst du sie klagen
vom Ende der Zeiten
vom Sterben der Tiere der Wälder
der Flüsse und Meere ?

hörst du sie warnen
vom Ende des Menschen
von falschen Wegen des Wahns einer
großen und künstlichen Welt ?

hörst du sie flüstern
im Winde des Meeres
von ganz anderen Zeiten
jenseits des Fallens und Sterbens ?

hörst du sie wispern
von einer Kultur der Stille
des weisen Lebens mit dem Wandel
des Mondes und der Sonne ?

Spirituelle Kultur

die Schönheiten der Erde
die alten - uralten Bäume
die Berge, die Gipfel und
die weißen Tempel des Himmels

der lichte Gesang der Lerche
im grünen Frühling
und der stille Gesang
des träumenden Einsiedlers

die träumende Weisheit
der uralten Steine
die leuchtende Weisheit
des betenden Pilgers

die Schönheit des wilden Flusses
und der weißen Steine,
die Schönheit der riesigen Tannen
im verborgenen Tal

der Kreis der heiligen Steine
der Kreis der lachenden Menschen
das Feuer der Weisheit
in offenen Herzen

Leben der Freude
der fließenden Kräfte
der tanzenden Frauen
und trommelnden Männer

die Schönheit einer Welt
der gelebten Weisheit
die Schönheit einer Welt
der fließenden Kreise des Lichts

Heiliges Tal

versteckt in den Bergen
mitten in den Alpen
liegt ein heiliges Tal

seit vielen Jahren
liegt dort ein Medizinrad
auf einer Lichtung im Fluss

langsam
sehr langsam und ruhig
verläuft die Zeit

an diesem stillen Ort
der Tannen und Steine
in der Mitte des Tales

hierher haben sie sich
zurückgezogen
die Geister der Natur

wenn es sie auch hier gibt
die Touristen und die Hotels
die Lastwagen für Schotter und Kies

aber unter den Tannen den Lärchen
ist alles ganz anders
wie in den Zeiten der Hirsche

oben auf dem Pass
schweift dein Auge über die Berge
die uralten, heiligen Berge

über die Weite des Raumes
den Raum der klaren Winde
hinauf in die Leere des Himmels

in der weißen Kapelle
der blauen Mutter der Liebe
zündest du an eine Kerze

du wanderst durch
den herbstlichen Wald der
leuchtenden Lärchen

opferst heilige Steine
Lapislazuli und Chrysokoll
zwei Seelensteine

an einem stillen Ort
des Lichtes und der Kraft
unter einer Lärche

niemand wird sie finden
und nur die Mutter des Lebens
kennt deine Gebete

Wangerooge – die Seeleninsel

Am Westen von Wangerooge. Blick auf Westturm und Leuchtturm.

Wangerooge

Insel der Kindheit
und Insel der Jugend
die Jahre sind verschwunden
wie der Strand im Westen

der Wind weht fort die alten Dünen
schafft neue im leeren Osten
an der Grenze der Unendlichkeit
verliert sich deine Spur

die Krafttiere des Windes
fliegen mit und gegen den Wind
du schaust zu ihren Flugkünsten
gebunden an Sand und Wege

du atmest und fühlst die
Kräfte des Meeres des Windes
auf der kleinen Insel aus Sand
in der leeren Weite des Wassers

du suchst ein paar Muscheln und Federn
du läufst hier lang an der Grenze
und bist schon verschwunden
im Licht der Abendsonne

Insel der endlosen Leere

inmitten des fließenden wandelnden
Wassers des Windes

halten sie dich fest
mit Deichen und Dämmen
aus Teer und Beton

aber du wandelst dich weiter
mit dem Wind und den Wellen

und nichts hält den wehenden Sand
des atmenden Meeres

die Vögel des Meeres sie
kennen den wechselnden Wind

sie leben und schweben mit ihm
durch ihre Zeiten hindurch

verbunden mit allen Kräften
des Himmels des Meeres des Sandes

Ich bin eine Möwe....

ich bin eine Spur im Sand
und das atmende Wasser

ich bin der Wind des Meeres
aus Osten – aus Westen

ich bin ein Grashalm
inmitten der endlosen Dünen

es gibt mich nicht
es gibt mich nicht mehr

die Muscheln am Strand
von keinem gezählt

das Meer und die Wolken
sie wandeln sich immer

deine großen Zeichen sind
verschwunden wie die Jahre

ich bin eine Möwe
tanzend und schwebend im
endlosen Wind

Möwen am Nordstrand

Kraft-Tiere des Windes

sie leben hier draußen
im Winde des Meeres

sie kennen den Wechsel
den endlosen Wandel der Zeiten

sie schwimmen im
Meer der lebenden Kräfte

sie sind wie der Wind
sie lieben den Himmel

es gibt keine Grenzen
es gibt kein Festhalten

an den tausend Dingen
es gibt kein Wollen und Müssen

es gibt den salzigen Wind
der wilden Wellen

sie leben im Wandel
des Windes des Meeres

Das Holzkreuz im Winde

in der Mitte der Insel
auf der Nordseite
steht oberhalb
eines Ehrenmals
zur Erinnerung
an die Toten
des 25.4.1945
über einem kleinen
dunklen dichten
undurchdringlichen
Wäldchen aus
Bäumchen und Büschen ein

HOLZKREUZ IM WINDE

hinübergegangen

gate gate
paramgate
parasamgate
bodhi svaha !

das berühmte Mantra

alles überwunden
hinübergegangen

ins Licht des Windes
des Meeres

der ziehenden Wolken
des endlosen
Wandels

Mantra: gegangen, gegangen, hinübergegangen, vollends hinübergegangen. Halleluja.

Versteckte Wäldchen

verborgene Orte der
wachsenden Kräfte

Kiefernwäldchen
Wildrosenwäldchen

zwischen den Wegen
der laufenden Menschen

bewahren sie die Kräfte
der wurzelnden Erde

Verstecke der Eulen
der Falken und Weihen

du lässt sie in Frieden
und spürst nur ihr

Kraftfeld

Das Licht des Meeres

ganz im Westen der Insel
sitzt du in den Dünen

schaust hinaus in die Ferne
ins silberne Leuchten des Meeres

ins warme Licht der
stillen Abendsonne

der warme Wind des Westens
durchweht deinen Geist

deine Seele ruht mit den
Möwen auf schwarzen Buhnen

sie meditieren dort draußen
oder schweben so leicht

ganz leicht ohne Flügelschlag
über die Dünen des Windes

hinaus ins silberne
glimmernde Licht

Im Osten der Insel

ostwärts
lichtwärts
der lange Weg zum Osten
der Insel

wo das Land im Meer
verschwindet

links die Kette
der Dünen
rechts das
flache leere
Land

ostwärts
ins klare Leuchten
der leeren Weite

Trümmer liegen
immer noch dort
vom letzten Krieg
Bruchstücke von Bunkern

steingewordenes Trauma
steinerne Reste des Leidens

aber du gehst über
den hell leuchtenden Sand
kristallener Sandkörner

zur abgesperrten Insel
der brütenden Seevögel

Äußerste Spitze am Ostende von Wangerooge. Medizinstab.

du stehst ganz am Ende
des Landes wo an einen Holzstab
du farbige Medizinfäden
bindest für den Wind

Land oder Meer
Meer oder Land

einst gab es einen Ostanleger
verschwunden wie die Bunker

alles löst auf sich
im Licht der Sonne des Ostens

die Strandläufer
die Seeschwalben
sie erzählen dir ihre
Geschichte vom

ewigen Meer vom
ewigen Wind und
dem Sand
und du

gehst weiter weiter
ostwärts in die
leuchtende Leere

Das Rauschen des Meeres

In meiner Seele rauscht das Meer.

Meine Seele rauscht nur,
ist ein Meer,
ein rauschendes.

Sand, Wind, Meer,
Traumzeitbilder,

Traumzeitleben.

Die Tage auf der Insel:
ein langes Ritual.

Die Grenzen verschwunden.

Das Meer, das Land,
die Erde, der Himmel.

Die Nähe, die Ferne,
das Alte, das Neue.

Leben und Tod.

Das Ich und die Möwen.
Wo bleibt das Ich
in den endlosen
Wellen?

Aufgelöste Grenzen.

Fortgeweht wie der Sand
vom Wind des Westens.

Die Grenzen der Zeiten

aufgelöst im Ozean.

Schwimmen im Meer
wie ein Wal.

Alles ist weit
und lcicht wie
die Federn.

In meiner Seele rauscht
das Meer.

Das Ich und die Insel

ich bin der Oststrand
und verliere mich im Meer

ich bin der Westturm
nichts vertreibt mich

und ich überstehe
die dunklen Zeiten der Gier

ich bin die Brandung des Westens
die alles klein wäscht

ich bin die graue Möwe
und tanze mit dem Wind

ich bin die Bunkerreste
aus dem zweiten Weltkrieg

das war einmal und
ist schon lange zertrümmert

ich bin die Dünen der
wilden Rosen, das Heidekraut

ich bin hier und dort
wie der Sand wie der Wind

die wandelnden Zeichen
des Windes der Wolken

die Zeichen und Symbole
sind da seit langem

erkannt oder nicht
doch die Möwen bleiben:

die Hüter der Insel

Große Träume

lass sie träumen
von großen Tieren

dem starken Büffel oder
dem großen Adler

wir Krebse und Möwen
wir überleben alles

eure Träume von Bunkern
und Wellness-Farmen denn

wir kommen vom Ur-Meer
wir bleiben bis eure

Tanker und Titanics
längst versunken

wir leben die Kräfte
des Windes der Wellen

der kosmischen Zeiten

Medizinraddüne

in der westlichen Mitte
der gebogenen Insel

liegt die Düne
der Meeres-Medizin

das Regenbogenzentrum
der Kräfte des Meeres

Herz des Windes
Herz des Wals

Herzmuschelzentrum
deiner Seele

Sonnenaufgang

das atmende Meer
und der leere Strand

langsam, ganz langsam
kommt das neue Licht

das Licht des neuen Tages
das gelbe Licht

einer anderen Zeit
zwischen der Nacht

und dem neuen Tag
nur ein Moment

nur ein kurzer Blick
in eine andere Zukunft

einer leeren Welt
einer stillen Welt

ohne laute Maschinen
und endloses Gerede

der leere Strand atmet
die Weisheit des Meeres

und du singst ein
uraltes Lied

zur Begrüßung der
HEILIGEN SONNE

Sonnenuntergang

viel mehr Leute als morgens
betrachten das Schauspiel

der feurigen Wolken
einer Feuersonne

das Ende des Tages
die Auflösung von allen

Schmerzen und Süchten
des kreisenden Rades

im großen Finale eines
kosmischen Feuers

hinüber ins Reich von
Buddha Amitabha

Om ami deva shri
Om ami deva shri

singt es im Herzen
deine Seele fliegt

ins reine Land

Mantra: Oh göttlicher Buddha des Herzens.

Schamanen-Insel

Insel des Delphin
Insel der Möwen

die wandelnden Zeiten
des atmenden Meeres

seit ewigen Zeiten
geht und kommt das Wasser

der Wind und der Strandhafer
die Dünen und der Sand

Insel der Ur-Kräfte der Erde
des Himmels des Mondes

Wesen aus Sand im
wandelnden Wattenmeer

du trommelst im Osten
du trommelst im Westen

Leben und Tod
alles bleibt nur Bardo

wechselnde Zeit

Am Ostende von Wangerooge. Blickrichtung: Osten.

Guru Rinpoche

du findest das leuchtende Licht
der Weisheit in den Dünen
om ah hung

du siehst das rote Licht
der Weisheit in den See-Signalen
bendsa guru

du riechst das weiße Licht
der Weisheit in den Blüten der Rosen
pema siddhi

du fühlst das blaue Licht
der Weisheit in den Wellen des Meeres
hung

du erkennst den Regenbogen
der Weisheit in den ziehenden Wolken
den wandernden Dakinis

du singst das Mantra
von Guru Rinpoche am Meer

und deine Seele
ist nur Singen

ist nur Klang
im Rauschen

der Wellen
des Meeres

im Wind

Om Ah Hung: die drei Ebenen: Körper, Rede, Geist.
Bendsa Guru: der edle, kraftvolle Lehrer. Pema Siddhi: aus dem Lotus geboren mit starken Kräften.

Dorje Chang

Weisheit und Methode
Glocke und Vajra
verbunden verwoben

Schamanenbuddha
in den Kräften der
wilden Natur

Quelle der Kraft
im Wasser des Meeres
im Wehen des Windes

Kristallkraft
der Weisheit in einer kleinen
Handvoll Meeressand

Kraft des Durchblicks
ins leuchtende Herz
einer Muschel

Klang der Sterne
der unendlichen Zeiten
der großen leeren Weite

Weisheit und Wege
Klang und Feuer
verbunden verwoben

Feuerbuddha
brennendes Herz
der Knochen der Erde

(Dordsche Tschang ist Vajradhara = Adibuddha, Ur-Buddha; Vadschra = Diamantzepter)

Ostende von Wangerooge. Altes Seezeichen.

Ost-Strand

am weiten Strand des Ostens
verliert sich die Insel
im Meer

hier musst du
zurücklassen
das blaue Fahrrad

den grünen Rucksack
und alle vielen Dinge
von denen du denkst:

die brauche ich -
denn nichts ist nötig
nichts ist wichtig

im weiten weiten Feld
des Sandes des Windes
und laufend nur laufend

nackt wie ein Aborigine
in einer Hand ein Stück Holz
in der anderen eine Feder

redest mit dem Wind du
mit den ruhenden Möwen
und dem runden Horizont

laufend weiter
und weiter in der
endlosen Leere

verliert sich die Spur
im Sande im Meer
im Himmel der Sonne

zurück zur Natur
zurück zum Meer
schließt sich der Kreis

Die Antwort der Insel

folgend dem Flug der Möwen
erkennend die Weisheit der Luft

folgend den Tiden des Meeres
die Weisheit des Wassers

sie überdauern alles
die Pflanzen der Dünen

die Disteln die wilden Rosen
die Kiefern der Hafer des Strandes

Sand und Wind und
das Licht des Himmels

sie brauchen nicht viel
sie leben hier immer

die Wege sie kommen und
schwinden wie Wolken

Anfang und Ende
das kennt nur der Mensch

es gibt keine Grenzen
verbunden ist alles

im Netz der Insel

Die Schönheit des weißen Todes

Einst waren sie gebrannte
Ziegel eines Hauses

jetzt kleine, vom Meer
rund geschliffene Steine.

Einst war sie eine Schwalbe
des Meeres, des Fluges

nun liegt ihr toter Körper
im Sand auf den Muscheln.

Schau ihm ins Gesicht:
dem schönen, heiteren Tod.

Weiß die Federn und
rein die Knochen des Windes.

Schwarz ist der Tod
der Grenzen und Mauern.

Schön ist der Tod im
weiten Kreis der wilden Natur,

denn alles ist Leben und
Wandel und Werden,

geboren im endlosen Meer
dem atmenden Raume des

Wassers des
Lichts

Wangerooger Friedhof

auf lichter Höhe
in der Mitte der Insel gelegen
ein stiller Ort der Sonne
des heiteren Lichts

alte und neue Gräber
aus längst vergangenen
und jungen Zeiten
zwischen den Gräbern
wachsen auf Rasenwegen
Blumen wie Königskerze
Kokardenblume und Schafgarbe
und am Rande blühen so wild
die purpurnen Rosen des Sandes

magische Kiefern
erzählen dir uralte Geschichten
vom Winde vom Meer
dem ewigen
Wandel

aber du brauchst nur
ein Grab in den Dünen
das keiner mehr findet

beim stillen Wäldchen
wo die Eule wohnt
und der Falke
seine Kreise
zieht

Die Wellen des Meeres

sie donnern wie eine
riesige Herde von Pferden
mit der Urkraft des Lebens
treffen sie auf den Strand

du kannst mit ihnen schwimmen
oder tanzen wie die Kite-Surfer
wenn du stehst wie die Poller
dann sind gezählt deine Tage

sie donnern wie Ur-Pferde
aus längst vergangenen Zeiten
die ganze Kraft des Meeres
durchfließt deinen Körper

nichts kann sie halten
nichts kann sie formen
denn das Meer und der Wind
sie sind die Meister der Kräfte

und du bist nur ein
kleiner Mensch ein Spielball
des Lebens des Windes
des Wassers des Todes

die Wellen sie bleiben
sind groß oder klein
zerstören und schaffen
die Insel des Lebens

Weiße Tara von Wangerooge

auf der höchsten Düne
leuchtet die goldene Tara
im weißen, warmen Licht
der späten Morgensonne

sie ist eine weiße Göttin
der wilden Natur des Meeres
sie hat keine Kirche hier
Häuser oder Zentren

du findest sie am Strand
du findest sie in den Dünen
weiß sind die Herzmuscheln
weiß sind die Federn der Möwen

sie ruft dich sie findet dich
weit im Osten im leeren Land
zwischen Dünen und Meer
jenseits aller Wege aus Stein

blau der Himmel und
weiß die zarten Wolken
die treibend der Wind
von Westen nach Osten

weit ist das Meer und
weit der Raum des Lebens
alles ist Wandel und ewig
der Atem der Gezeiten

Strand von Wangerooge. Westlich des Hauptstrandes

die weißen Möwen die
Meister des Windes der
uralten Zeiten sie fliegen
so schnell so federleicht

von der Höhe der Düne
schweift dein Auge über
die grüne Insel und
den Kreis des Meeres

hoch auf der Düne
leuchtet das zarte Gesicht
im weisen Lächeln
wird alles zur Einheit

wird alles
zum Kreis

Die Weiße Muschel

sie ist alt sehr alt
die weiße Muschel
in meiner Hand

aus längst vergangenen
Tagen meines Lebens
das ein früheres ist

dieses oder ein
anderes Leben – was ist
es gleich geworden

Tod oder Leben
es gibt keine Grenzen
im Reich der Winde

die weiße Muschel
verbindet die Ur-Zeit
mit heutigen Tagen

die Schönheit der Form
der Venusmuschel
die ganze Weisheit

des Kosmos in
einer kleinen
Schale

Die Heide-Tara

fremde Sprachen
plappern ist nicht der Weg
und fremde Systeme kopieren

wir müssen finden
die Steine die Wurzeln
in den Bergen den Wäldern

wir müssen sie finden
die Tara der Heide
die Tara des Sandes

auf den Hügeln des Lichts
bei den Wachholderbüschen
und unter den Eichen

keine Lamas keine Lehrer
aus fernen Ländern zeigen
dir den verborgenen Weg

zu heiligen Steinen
und heiligen Plätzen
unter den Kiefern der Wolken

dort im Gras und
nah der Erde findest
du die Weisheit des Nordens

Das wilde Meer

das Rauschen der wilden Wellen
ist schön und gefährlich

es zerstört die Insel
immer ein wenig weiter

die Wellen sie schlagen
an den Steinschutz der Menschen

sie wird verschwinden, deine Insel
denn es steigt der Spiegel des Meeres

und die wilden Winde des Himmels
werden zeigen ihre Kraft

das graue Meer ist eine Kali
das Geschaffene verschwindet

ewig ist nur das Rauschen
sonst nichts

4.7.13

Nichts mehr

hier ist nichts mehr
nur Dünen und Sand

der Ostanleger, aufgegeben,
vor Jahrzehnten schon

die Ostbarke ist nun
auch verschwunden

hier verschwindet alles
in der weiten Leere

hier ist nichts mehr
kein Schild, kein Zaun

hier weht der Wind
mit dem gelben Sand

Muscheln liegen hier
Steine und Federn

auch tote Möwen
und weiße Knochen

hier ist nichts mehr
nur der leere Horizont

19.8.2013

die Zeit anhalten

die Vergangenheit ist nicht wichtig
die Zukunft hat keine Bedeutung

das Meer bleibt das Meer
der Wind weht übers Wasser

das Kreuz auf der Düne
steht im Winde für immer

von der höchsten Düne
kannst du übers Meer schauen

über die Insel des Delphins
heute und immer

im Moment der grünen Stille
gibt es keine Zeit

dein Leben ist wie der
kurze Flug der Silbermöwe

dein Leben ist eine
kleine Welle des blauen Ozeans

ein Teil nur der Wolken
des ewigen Himmels

20.8.13

Himmelsbestattung

du kennst es aus Tibet
auf einer Anhöhe zerlegt man

den Körper des Toten und
überlässt ihn den Geiern

den Seglern des weiten
großen Himmelszeltes

wir scheinen die Toten
nur in Särgen und Urnen

unter Steinen zu ertragen,
auf dem Inselfriedhof

nur die tote Möwe
liegt einfach auf dem Sand

ihr Körper zerfällt
an der frischen Luft

das ist schön
weil es natürlich ist

so löst sie sich auf
im Kreislauf des

Lebens

Die Geister des Meeres

du kannst trommeln
du kannst singen

sie haben keine Namen
die wilden Geister des Meeres

du kannst sie fühlen
im Wind der Wellen

du kannst sie hören
im Schreien der Möwen

Wörter sind abgegriffen,
eine neue Sprache wäre gut

ein ganz andere,
neu erfundene Sprache

wie bei den Aborigines:
neue Wörter für neue Dinge

beim Trommeln
erfindest du neue Wörter

aber es versteht sie keiner
du kannst sie nicht aufschreiben

trommeln muss man selber
singen muss man selber

am Strand im Rauschen
des ewigen Meeres

das keine Zeiteinteilungen
kennt und keine Grenzen

die Geister sind wie

die Zeichen der fliegenden Möwen

am Himmel, wie die Rufe
der Austernfischer,

wie der rüttelnde Falke
über den Dünen

du musst singen
und tanzen mit dem Wind

die Geister des Meeres taugen nicht
für esoterische Geschäfte

sie taugen nicht für Vermarktung
nicht für die Ängstlichen

sie sind wild und unberechenbar
wie das Wetter und der Wind

du musst mit ihnen tanzen
du musst mit ihnen fliegen

trommeln musst du
singen musst du

nicht drinnen im Zimmer
sondern draußen in der Weite

draußen bei den Wellen
mit dem Wind im Gesicht

mit dem alten Rauschen
des Universums in den Ohren

wie ein alter Aborigine der
in der Traumzeit lebt

der nicht nur denkt oder schamanisch reist
sondern in der anderen Welt lebt

dein Zuhause ist der Raum der Geister
der Geister des Meeres des Windes

deine Seele sie jagt und fliegt
wie die Seeschwalben

in die Ferne der Weite
hinaus ins wilde Reich

des Windes

Die toten Pottwale von Wangerooge

da liegen sie nun die großen Tiere des Meeres
auf dem Sand des Ostens

wo ich meine Rituale machte
für das Meer und die Rückkehr der Reinheit

sie sollen falsch abgebogen sein
in das flache Wasser der Nordsee

falsch sind die Störungen des Menschen
die zu vielen Bohrinseln im Norden

die Containerdrachen aus China
und die wachsenden Windparks

die Leute laufen herbei
machen viele Fotos und posieren herum

betet jemand für die Pottwale?
ruft jemand an die Mutter des Meeres?

vieles ist gestört in Zeiten des Untergangs
das Sterben der Tiere – überall geschieht es

und auch die kleine Insel, sie stirbt
im steigenden Meer und in den Stürmen

alles ist gefallen
aus heiliger Ordnung der Erde

14.1.16

Amrum

Am Strand der „Weißen Tara".
Am Stab wehen Gebetsstreifen in den fünf Farben der Weisheitsbuddhas.

Steinkreis in den Dünen

versteckt in einem Tal
zwischen den Dünen
hinter einem Steingrab
aus uralten Zeiten

liegt ein kleiner Kreis
der Steine der Eiszeit
mit einer braunen Feder
vom Bussard der Hügel

niemand wird ihn finden
den kleinen Kreis denn
er dient nur der Einheit
von Himmel und Erde

versteckt und verborgen
so soll es sein für immer
versteckt und verborgen
die Harmonie des Tals

hier leben nur Gräser
und wilde Kaninchen
hier fliegen und kreisen
die lachenden Möwen

hier leuchtet das Licht
das gelbe des Sandes
hier leuchtet der Himmel
der blaue des Meeres

Innere Kora

der Weg der inneren Kora
führt dich fort von den Menschen
fort von den festen Wegen
und von den Lehren

hinein in die Welt der Dünen
in die Welt der Gräser des Sandes
in die Welt der Heide und der
uralten Steine des Feuers

zu stillen, leuchtenden Orten
des Himmels der Erde
wo du hörst die Rufe
der lachenden Möwen

zu Orten des Schweigens
wo du nichts mehr findest
was dich erinnert an
die Welt der Maschinen

zu Orten des Leuchtens
wo sich auflöst das
Leiden das Denken
im goldenen Licht

zu Orten der Weisheit
des Meeres des Windes
des Sandes der Steine
des fließenden Feuers

wo die Grenzen der Zeiten
verschwinden zwischen
Leben und Sterben
im ewigen Licht

Zum Begriff der inneren Kora (= Umwandlung):

Die äußere Kora führt um den Berg Kailash herum,
die innere führt zur Südwand des Kailash,
sozusagen zum Zentrum des spirituellen Ortes.

Schwarzes Feld des Lichts

hinter der Kiefer
der grünen Hüterin
des heiligen Tales

folgst du dem Pfad
dem kleinen dem alten
hinter dem Zaun

ins Tal des
schwarzen Feldes
ins Tal der Wandlung

der Zeiten wo die toten
Äste und Möwen
liegen verstreut

zwischen Steinen
Gräsern kleinen Dünen
und sandigen Flächen

der Leere des Nichts
und du denkst dir:
es ist wie ein Besuch

im leuchtenden
Jenseits in der anderen
Seite der Welt

Die Weisheit der Insel

Die Weisheit der Insel
ist die Weisheit des Meeres
des Windes der Wellen

die Weisheit der Insel
ist das Werden und Vergehen
der Dünen des Strandes

die Weisheit der Insel
ist das Leben und Sterben
der Hasen der Möwen

die Weisheit der Insel
ist alles – ist nichts:
der Wind der endlosen Leere
über dem weiten Strand

und die Stille der Nacht
der Lichtkegel des Leuchtturms
das Blinken der Pulsare
in ewiger Ferne des Raums

das Rauschen der Wellen
der Klang der Urzeit
die jagenden Möwen
über den Wellen im Wind

Lachmöwen

sie fliegen über die Dünen
sie fliegen über den Strand

sie kommen aus einer anderen Zeit
jenseits der tausend Maschinen

sie fliegen und lachen
sie lachen über das Leben

der wuselnden Menschen
die alles anders wollen

und doch nie über
den ewigen Strand des Meeres

hinaus kommen denn das Meer
holt alles zurück

sie fliegen und lachen
über den Kreislauf
von Leben und Tod

Tschenresig der Insel

Buddha des goldenen Lichts
der Mitte der grünen Insel

die sanfte stille Ruhe
der Steine der Gräser

die weise Harmonie
von Himmel und Erde

die Harmonie der
leuchtenden Erde

Buddha des blauen Himmels
der weißen Wolken des Lichts

Hüter der alten Weisheit
des leeren weiten Meeres

fühlst du das Leiden des Hasen
und der sterbenden Möwe

des einsamen Menschen
der sucht seinen Weg

Oomram der friesische Name
ein Mantra des Meeres
ein Mantra der
Zerozeit

Anmerkungen: nicht der Wettbewerb oder die Konkurrenz,
sondern die stille Harmonie der Natur als Wert und Ziel der Zukunft.
Die Insel bezieht sich auf Amrum. „Om Mani Peme hung" lautet das Mantra von Tschenresig, dem
Buddha des Mitgefühls, der Nächstenliebe. „Zerozeit" ist ein Begriff von Holger Kalweit.

Fasane

Tiere der verborgenen Plätze
unter den wilden Birken
den knorrigen Schlangenästen
unter dem Heidekraut
zwischen den Dünen

Tiere des stillen sanften Lebens
ohne großes Getue und Gehabe
leben sie ein einfaches Leben
nahe der Erde
nahe dem Sein

sie kennen keine Geschichte
sie kennen keine Systeme
sie leben mit den Zeiten
des Jahres der Erde
ihr kurzes Leben

Das leuchtende Meer

du schwimmst im Meer
du schaukelst mit den Wellen
du schwingst mit der Kraft
der lächelnden Delphine

du siehst du spürst das
goldene Licht das glitzernde
auf sanften leichten Wellen
den atmenden des Meeres

du schwimmst hinein
ins warme blinkende Licht
fühlst die Wandlung
des Körpers der Seele

im leuchtenden Meer
verbunden durchs Wasser
ist alles in Einem
ist alles im Ganzen
gelöst

Der Wind des Meeres

das Meer im Land
und das Land im Meer

der Himmel in den Dünen
und die Dünen im Himmel

es gibt keine Grenzen
es gibt nur ein Fließen

ein Wehen des Windes
ein Strömen des Wassers

die Möwen sie fliegen
wie der Wind des Meeres

das Diesseits im Jenseits
das Jenseits im Diesseits

das ich im du
und das du im ich

ob Mensch oder Meer
ob Hase oder Heidekraut

ob Sand oder Wasser
ob Muschel oder Gras

im gelben Licht der Insel
lösen sich auf die Wörter

die Zeiten die Wege
die Zäune die Grenzen

die es nie gab denn
alles ist Meer

Im Licht des Vollmonds

im Licht des Vollmonds
ist draußen alles anders
eine andere Zeit
eine andere Welt

alles wirkt voller
Magie voller Geheimnisse
alles ist still und versunken
in der Tiefe der Nacht

die Welt ist kein Diesseits
sie ist ein Jenseits und
du fühlst es und spürst es
in allen Dingen

oben auf dem Hügel
schaust du über die
Wellen des Landes
und immer noch

rauscht hier das Meer
der alten Zeiten und
du stehst auf den Dünen
im heilenden Wind

Wallgau

Medizinrad im Isartal bei Wallgau.

Wohin du gehörst

du gehst über die Steine
des Tales des Flusses

du blickst zur Erde
und du spürst

dass du auch nur
einer der vielen Steine

bist im endlosen Strom
der vielen Jahrtausende

dein Kreis aus Steinen
und Hölzern ist heute da

und bald verschwunden
wie alles im Wandel der Zeit

dein Kreis ist vollkommen
er kann niemals besser sein

der Platz im wilden Tal:
kann niemals besser sein

es ist wahr und vollkommen
alles Gerede ist da nur Wind

deine Seele ist ein Stein
deine Seele ist ein Stück Holz

sie gehört der Erde
sie gehört dem Fluss

Der Kreis aus Hölzern

wild verteilt liegen sie
die vielen Hölzer und Stämme

im Tal des Flusses
hinter der Kehre der letzten

du legst einen schönen Kreis
aus Hölzern vom Fluss geformt

einen Kreis ohne Anfang
einen Kreis ohne Ende

du freust dich über
die Vollkommenheit die

im nächsten Frühjahr mit
dem Wasser der Berge

sich auflösen wird im
wilden schönen Chaos

des Flusses und es war nur
das Spiel eines wilden Kindes

ohne Ansprüche an Großes
oder Leistung oder Show

es muss keiner sehen
es muss keiner staunen

es fand statt in der Leere
der wilden Natur denn

die Rituale für Mutter Erde
sie gehören in die Stille der Berge

Karwendel

am Sonntag fahren sie hoch
in die Felsen des Himmels

bummeln und reden
über die tausend Dinge

oder streben zielsicher
zu ihren Klettersteigen

aber du sitzt abseits
bei deiner Steinpyramide

mit einem Stab und fünf
farbigen Streifen aus Stoff

den fünf Weisheiten
des Himmels und der Erde

den fünf Dhyani-Buddhas
widmest du die wehenden Streifen

der Klang der Chinkas
fliegt zu den Bergen des Adlers

fliegt hinüber zu den Tälern
der Leere des Seins

deine Seele verliert sich
im Blau des Himmels

löst sich auf mit den
Wolken des Lichts

Die fünf Dschani-Buddhas entsprechen den fünf Elementen und Geisteskräften.
Chinkas sind die tibetischen Zimbeln.

Die großen Bäume

du weißt es ist nicht die Zeit
der großen alten Bäume

sondern die Zeit der
großen Maschinen

aber du gehst zu ihnen
den großen Bäumen

den alten weisen Bäumen
der Schamanen

irgendwo in den Bergen
irgendwo im Tal des Flusses

du betest für ihre Rückkehr
in den kommenden Jahrhunderten

du betest für die Bewahrung
der Kraft der Bäume

dass sie es einst wieder
zeigen können

(Es gibt viel zu wenig starke, alte Bäume, wo man als Schamane beten kann.
Die meisten sind viel zu jung.)

Schamanenstab

am Ende des Weges
dorthin wo keiner mehr geht

dort wo der grüne Fluss
seinen wilden Weg sucht

wo du findest das Chaos
der Hölzer und Stämme

dort stellst du auf inmitten
eines wilden Holzhaufens

neben dem fließenden Wasser
einen glatten Tannenstab

du bindest die Streifen
in Rot und Blau und Weiß

die schamanischen Farben
Sibiriens und Nepals

und auf die Spitze setzt du
die Feder eines weißen Bussards

du sitzt am Fluss und singst
dein Lied vom Fließen

und Wandern des Wassers
hinunter zum Meer

Shivas Rad der Steine

ein Rad aus Steinen und Hölzern
in der Mitte ein Herz

aus grünen und gelben
roten und schwarzen Steinen

ein Herz der wilden Natur
ein Herz des wilden Flusses

im Norden ein Stab mit
den schamanischen Fahnen

alles umrahmt mit Hölzern
in der Form eines Bootes

ein Platz für den wilden
Ur-Schamanen der Berge

ein Platz für Shiva
und den Geist des Himmels

ein Platz für die Kräfte
des Feuers und Wassers

(Großes Medizinrad, mit vielen unterschiedlichen Steinen und Hölzern.
Am Ende des Flusstales. Die Harmonie aller Gegensätze. Shiva ist der indische Gott der
Schöpferkraft, der Kreativität.)

Das Rad des Wassers

die grünen Steine
des grünen Flusses

die grünen Steine der
Göttin der Erde der Tara

der Göttin des lichten Grüns
der Jadegöttin des Wassers

das fließende Rad der Medizin
das heilende Rad des lösenden

Wassers des reinigenden
klärenden Wassers der Berge

der Höhe des Himmels
der Weite und der Tiefe

alles ist Strömen ist Fließen
das Licht und das Sein

(Medizinrad nur aus grünen Steinen gelegt,
gewidmet der Grünen Tara, der Ur-Kraft des Lebens.)

Vergangene Spuren

die Steine des alten Rades
sie liegen noch da

die Feder des letzten Jahres
sie ist noch versteckt
unter der kleinen Fichte

die Spuren meiner Wege
der vielen durchs Tal
über die Steinbänke
sie sind vergangen
schon lange
so lange

gelaufene Wege
Spuren des Suchens
im Tal des grünen Flusses

des Suchens nach Orten
nach Steinen und Hölzern

vergangen ist all das
und nirgends zu finden
wie die Spuren der Füchse
wie die Spuren der Adler

nur der Fluss
der weiß davon

(Das alte Medizin-Rad habe ich 1994 außerhalb der Steinbänke gelegt.
Seit damals war ich öfters im Isartal bei Wallgau.
Die Medizinräder der vergangenen Jahre sind alle verschwunden.)

Vernetzung

der verborgene Steinkreis
in den Dünen am Meer

die Kreise der Heide
auf dem Hügel und der Wiese

der Kreis auf dem Hügel
der Traumpfade

die Kreise im Tal des
wandernden grünen Flusses

sie bilden eine Linie
durchs Land

von Norden nach Süden
vom Meer zu den Bergen

ein roter Pfad meines
schamanischen Traumes

der Liebe zu den Wegen
der Erde des Feuers

(Medizinräder: Amrum, Wangerooge, Niederhaverbeck, Heiliger Hain, Vision Hill, Tal bei Wallgau.)

Die große Tanne

sie ist die größte Tanne
auf dem Feld der weißen Steine
an der Biegung des Flusses

sie könnte sein
größer und älter
Jahrhunderte
aber sie ist nur siebzig Jahre

sie könnte werden
zum Hüter des Tales

sie könnte werden zu einem Baum
der Kraft und Weisheit
wenn die Menschen
ihr gäben die Zeit

dass es so sein möge
dafür lege ich Steine
an ihren Stamm

darum bitte ich
die Geister
der Berge

denn sie hüten seit
vielen Jahrtausenden das Tal
sie kennen den Wandel
und all das Wirken
der Menschen

Krepelschrofenkreuz

nicht nur das Leiden
der Menschen ist wichtig

auch das Leiden
des wilden Berges

das Leiden der gefällten
magischen Buchen

das Leiden der kranken
Tannen und Kiefern

das Leiden der großen Tanne
die einst hier oben stand

eine magisch wilde Welt
der Bäume und Berge

sie gibt dem Menschen
Sinn und Tiefe des Seins

versöhnt er sich
mit der wilden Göttin der Erde

so findet er Heimat
für seine ruhelose Seele

Die Weisheit der Eule

Medizinkreis im Isartal bei Wallgau. Phurba in der Mitte.

Andersweltenwald

Grenzwald vergessener
am Rande von Ilsenburg

Frühlingslichtbäume im
Naturgeisterwald

Steineichenwald
Himmelsbuchenwald

alter Hochstand aber
sonst unberührter Wildwald

alte Stammwurzelherzen
aufgestellt als Schützer

des wildmoosgrünen Ortes
mit Tabak gesegnet

in Spiralwegen den Weg
gefunden zum Kreisrad

heiliger Steingeister
Herzstein in die Mitte

getragen und Getreidekörner
verstreut im Kreisrund

blanke Pferdeknochen
unter junger Buche

zusammengelegt
Tierherz der Wildnis

Die Schönheit der Nacht

das sanfte stille Licht
der Mondin leuchtet
in dein Seelenherz

einzelne Sterne
senden ihr Blitzleuchten
durch die Wolken

schwarzgrün steht
die heilige alte Buche
inmitten des Gartens

du lauschst dem
Plätschern des Baches
und seinen Mantren

die Luft der Nacht
durchströmt deine Lungen
und du spürst die

heilige Grünkraft
der Frühlings-
ERDE

Frag die Steine und die Wolken

im Nebellärchenwald
verliert sich dein Weg

dein ICH hat nichts mehr zu sagen
frag die Lärchen wenn dich

Weisheit interessiert die
Weisheit der wandelnden Jahre

das Bleibende und der Geist
der wilden Berge des Himmels

oben im kalten Nebelberg
bist du vielleicht Han Shan

oder nur ein schlagendes Herz
voller Angst vor drohendem Absturz

im Tal der uralten Geister
gibt es nur die Steine der

Jahrtausende der Urzeiten
dein Kopf denkt nichts mehr

leer die einsame Landschaft
frag das fließende Bergwasser

wenn du Weisheit und Reinheit
suchst – oder was auch immer

oder frag das schwarze
Eichhörnchen neben der Straße

dein Kopf ist leerer Raum und
du bist die wilde Landschaft

der Steine und Wolken

Die Wolken der Träume

sie lösen sich auf
die Wolken der Träume
und es bleibt die Leere
des endlosen Raumes

sie hatten ihre Träume
von Macht und Reichtum
Alexander, Caesar, Napoleon
Stalin, Hitler und Mao

sie haben ihre Träume
vom endlosen Wachstum
und einem Ozean von Gold
die Macher und Manager

sie haben ihre Träume
von Kräften und Göttern
und einem Reich des Geistes
all die Zauberer und Magier

sie haben ihre Träume
vom großen Uhrwerk
der Atome und Elektronen
die klugen Wissenschaftler

sie lösen sich wieder auf
die Wolken des Geistes
und es bleibt nur
die reine Leere

des weiten Strandes
am Rand der schwarzen
Leere des atmenden Meeres
des Wassers der Luft

der Himmel der klaren Nacht
der Himmel des neuen Tages
hinter all den vielen Albträumen
des Militärs, der Kirchen, der Macher

und denke nicht, denke nie
es seien nur die anderen
wir alle haben sie
die verrückten Träume

und wir alle müssen
erwachen am Meer
des weiten Himmels

Schneesonnenland

früh am Morgen stapfte er über
leere, weiße Felder des Lichts
sie waren schon da, die Freunde der Kraft
der Hase, der Bussard und
der suchende Fuchs

er folgte dem Fuchs
der suchend seine Beute
zwischen den gelben Gräsern
des vergangenen Jahres

eisig wehte der Wind des Nordens
eisig war die kalte Luft
aber er liebt die Leere das Nichts
die weißen Felder der Sonne
des Morgens

Alles überleben

wir sind ein Teil des Waldes
wir sind ein Teil des Meeres

wir sind keine Menschen
beherrscht und besessen vom
Geist der Gier nach Geld

wir sind die wandernden Eisbären
die Meister der eisigen Welten

wir sind wie die Samen der Wüste
überleben endlose Zeiten

wir sind die Kojoten
sie finden immer einen Weg
durch Zäune und Sperren

wir sind wie Ratten und Mäuse
die alle Anschläge überleben

wir sind die Albatrosse
wir segeln über die Weiten
der Wellen mit den Winden

Zivilisationen kommen und gehen
die Menschenhorden kamen
und sie werden verschwinden

wir sind das atmende Meer
der kosmischen
Weisheit

Botschaft des Feldhasen

also ich bin Feldhase und muss
euch verrückten Menschen
mal ein paar Dinge sagen

ich brauche nicht viel zum Leben
ein freies Feld, Gras und Kräuter
die überall wachsen

aber immer mehr Straßen
immer mehr Baugebiete
immer mehr Zäune

ich weiß nicht mehr wohin
ich noch rennen kann und
wo ich geschützt bin

ihr lernt auch gar nichts
die Autofahrer denken
nur an ihre schnelle Straße

die Landwirte an ihre Ernte
hier und da finde ich
ein kleines leeres Ödland

aber dann kommen die Jäger
oder die lauten Osterfeuerleute
mit ihrem Scheiterhaufen der Wildnis

ich brauche nicht viel zum Leben
ein freies Feld, Gras und Kräuter
die überall wachsen

ein einfaches Leben
im Gras und dort wo das
Leben frei und offen ist

Der ewige Fluss

einst war ich ein wilder Yogi
mitten im weiten Tal
des weißen Flusses

im Lande Shivas der
uralten Feuerstellen und
der weisen Bäume

und ich wusste das alles
im Wandel und Wechsel
des fließenden Wassers

so machte ich mich auf
durch die Jahrtausende
und spielte karmische Spiele

mit Männern und Frauen
im Kämpfen im Lieben
suchend das Leuchten

das ich längst hatte
nun sitze ich wieder
mit dir an einem Fluss

der sich windet durch
deine große Stadt
wir singen wir trommeln

wir Yogis
der wilden Natur

In meiner Prärie

das Gras hat schon
die bleiche Farbe des Winters

aber noch blühen sie
die violetten Flockenblumen

und das gelbe Johanniskraut
die weiße Schafgarbe und die

blaue Wegwarte im
ockerfarbenen Grasland

weit hinten unter den wilden
Eschen und Ahornbäumen

lösen sich auf all die
dunklen Gedanken des Tages

wild bleibt das Land
auch in tausend Jahren

die Steine und das Gras
sie hüten das Wissen

tief ist die Freude des
einfachen Seins

im Lande des Himmels

Die Weisheit der Eule

ich durchstreife die Nacht
im lautlosen Fluge

und finde die Wege
auch ohne die Sonne

ich spüre ich fühle
mit meinen Antennen

und höre den leisen Ton
der huschenden Mäuse

ich komme aus alten Wäldern
dunkel und schwarz wie

der endlose Raum aber
mein Wissen und Finden

das ist von den Sternen

Albatros

ich flieg mit dem Winde
seit endlosen Zeiten

ich flieg über Meere
die sind so weit...... so weit

ich flieg durch die Zeiten und
Räume so leer...... so leer

meine Weisheit kommt
aus dem Ur-Meer und

dem kreisenden Kosmos
ich flieg mit den Spiralen

des ewigen Himmels
ich brauche nicht viel

denn ich flieg mit dem
Winde der Weisheit

Die natürliche, naturverbundene, in die Natur völlig integrierte
Intelligenz ist die einzig wahre und weise Intelligenz.

Die Unscheinbaren

wir leben hier draußen
auf windigem Hügel

Distel und Flockenblume
Hornklee und Skabiose

aber das sind nicht
unsere eigenen Namen
denn wir brauchen keine
und kein Bestimmungsbuch

wir leben hier draußen
im Regen im Wind

wir leben und überleben
seit ewigen Zeiten mit
Mäusen und Füchsen
dem kreisenden Bussard

das Gelb des Rainfarns
das Purpur der Disteln
das Weiß der Schafgarbe
das Rosa des Ginsters

die Schönheit der Farben
die Schönheit des Wandels

wir leben hier draußen
wir hüten die Poesie
der wilden Blumen

Die Elfenfrau

sie kommt aus dem Walde
hinter dem Dorfe, jenseits der Straße

sie tanzt mit der Falken-Feder
unter den Bäumen

sie tanzt mit den Gräsern
den wilden Blumen

unterm Baume sitzt sie
und flötet ihr heiliges Lied

singend mit dem roten Adler
da träumt sie vom Wolf

sie spricht mit den Bäumen
den Vögeln den Geistern

sie lebt und liebt
den wilden Ur-Wald

und tanzt wie ein
Falter, ein Bläuling
im Licht

Großer Arber

Berg der dunklen Wälder
Berg der alten Zeit
Berg der Ahnen

deine Kraft ist älter
und stärker als das
Spielzeug der Menschen
ihre Funk- und Mess-Stationen

das Kreuz ist ein bisschen Holz
gegen die Ur-Kraft der Erde

wie die Stöcker der Kinder
die den großen Krieger spielen

Berg der dunkelgrünen Wälder
Berg der uralten Zeiten
Berg meiner Ahnen

Das Ende irgendwo

heute traf ich ihn wieder
den Fuchs des wilden Hügels

einsam lief ich wie er
durch eisigen Winterwind

mit meinen Gedanken
ans Ende ans Verschwinden

irgendwo im Gebüsch
könnte ich verschwinden

aber ein Grab auf meiner Insel
wäre vielleicht poetischer

da könnte ich sie hören
die Schreie der Möwen

und den Wind des Meeres
in den tiefgrünen Kiefern

der wilde Fuchs durchstreift
den Hügel und sucht Mäuse

um den Winter zu überstehen
für neues Leben im Licht

des Frühlings

Der Traum der alten Wälder

meine Stimme wird
verschwinden wie die Wolken

aber schlimmer ist's
dass die alten Wälder

die alten Tannen verschwunden
sind am Lusen, am Rachel

dass die große Zeit
der Bären und Wölfe vorbei

dass die Strände meiner Jugend
verschwunden sind im

Meer – und für die Anlagen
des Öls und der Chemie

meine Stimme wird
verschwinden und es bleibt

nur der Traum von der
Rückkehr des Büffels

es bleibt nur der
indianische Traum

Ereignisse eines Sonntags

heute morgen
wehte ein kalter Wind
über den Hügel des Lichts

der Himmel war blau
sonnig und weiße Wolken
trieben nach Osten

heute abend
so gegen 18:30 Uhr
hörte ich Schreie hoch oben

und sah einen langen langen
Zug der ziehenden Kraniche
Richtung Nordosten

über den ruhenden Hügel
da wusste ich was Stärke ist
und Schönheit und Sinn

der Mond leuchtete
wie vor Jahrtausenden
und schien mir ins Herz

Magie des Waldes

hinter den
abgeschlagenen Tannen
kreuz und quer
liegen sie herum

führt dich
der Weg ins Dunkle
der alten Zeiten
ins Moosgrün

der Buchen und Steine
in den dunklen Wald
der Märchen und
magischen Wege

aber es ist kein Traum
sondern real und sichtbar
du könntest es filmen
doch das Erleben und Sein

auf den schmalen Pfaden
den Wurzeln der Tannen
im Halbdunkel ist:
gelebte Magie

und oben auf den Höhen
bei den Steinen des Himmels
blickst du in die Ferne
die leuchtet so hell

Zeig deine Kraft

sei stark und stolz
und trotze dem Wind
und den dunklen Zeiten

sei wie ein Baum
oder wie ein Kojote
der findet die Wege

die geheimen Wege
durch die Wälder
und selbst in Städten

sei stark und stolz
und trotze der Welt
des bunten Geflimmers

hüte das heilige Feuer
und trommele mit
den Geistern der Erde

Das Herz des Waldes

schon immer zog es sie
in den Wald dem unberührten

dem dunklen dem lichten
wo die Bäume wuchsen

für sich und ihre ganze Zeit
ihr Wachsen leben durften

nur dort fand sie ihr Herz
fühlend die Einheit mit allem

mit dem Leben des wilden
Waldbodens und den Farnen

mit den großen starken Bäumen
und den kleinen ganz jungen

alles sprach zu ihrem Herz
und sie konnte jubeln

wie ein zarter Vogel

Sommerfrieden

sanft wehender Wind
durchs zeitlose Urstromtal

singend die Lerchen
im hellen Blau des Himmels

friedlich grasende Pferde
bei der alten Esche

leuchtend die Steine des Stupas
auf dem Hügel des Lichts

träumende zarte rosa Blüten
der wilden Rosenbüsche

in der lachenden Sonne
des grünen Sommers

Stupa: symbolisches Bauwerk für Vergeistigung und Erleuchtung.

Die Gänseblümchen

sie kommen immer wieder
egal wie oft du mit dem
lauten Rasenmäher

über sie hinwegdonnerst
sie lachen nur über dich
und dein angestrengtes Tun

sie sind zahlreich
wie die Sterne
die sie spiegeln
im grünen Gras

sie brauchen nicht viel
sie wollen dir nichts beweisen

sie lachen mit der Sonne
und träumen mit der Nacht

Wilde Rosen

wer achtet schon auf sie
denn die Blüten sind
nicht groß und prall

du findest sie auf dem
grünen Hügel des Lichts
oder im schattigen Garten

der wild und vergessen
von alten fernen Zeiten
versunken träumt

klein sind die Blüten nur
leichte Farben auf grünen
Blätterbüschen

zarte Blüten der Erde
zarte Kelche
des Lichts

Hügel der Blauen Blume

klug und skeptisch und kritisch
so können sie reden
die Deutschlehrer und die Literaturkritiker

dabei muss man nur
hinausgehen auf den Hügel
den grünen den lichten

und einfach nur schauen
auf die Blumen – in die Ferne

den tanzenden Schmetterlingen
den summenden Hummeln

und lauschen den Lerchen
und dem Ruf des Kuckucks

das Land des leuchtenden Sommers
ist ein zartes Paradies der Erde

du musst nur
hinausgehen

Das Meer

das Meer ist unendlich und
ich liebe das Unendliche

mich interessiert nicht mehr
das Gerede der Politiker

oder das Geschnatter der Gänse
oder die klugen Gedanken der Leute

sie wollen jetzt das Wattenmeer schützen
aber wichtiger sind die Windparks

das Meer brauchen sie für alles
für ihren Müll und für Energie

und was man nur irgendwie
fischen kann das fischt man heraus

mein Reden war immer nur
Möwengeschrei in euren Ohren

also ist sie vorbei die lange Zeit
der Gedanken und Kommentare

*

mich erfüllt das Rauschen der Wellen
und das Schweigen in den Dünen

es atmet die Stille des
leuchtenden Sandes

es atmet die salzige Luft
des weiten blauen Himmels

das Meer ist unendlich wie

der kreisende Kosmos

wie der schwarze Himmel
der alten Schamanen der Steppe
mein Ich ist fort geweht
mit dem treibenden Sand

den der Wind über die weißgelbe
Ebene in den Osten jagt

dort wo die Dünen entstehen
und morgen verwehen im Nichts

wo niemand Spuren findet
aber meine Seele zuhause ist

I am sailing home

in deinem Kopf hörst du das
Lied von Rod Steward

die Insel ist dein Zuhause
deine Seelenheimat

denn du bist ein Seehund
eine Möwe eine Düneneule

du bist der weiße Sand
und das Birkenwäldchen

unter dem immer noch
das Reich der Feen lebt

du bist wie der Westwind
den keiner versteht

du bist wie das atmende Meer
auf dem deine Insel schwimmt

warum hast du dich ins
Labyrinth der Leute verirrt

im Flug der Möwen fallen
die Steine ins Meer

du bist nur offener
leuchtender Meereshimmel

Abend am Meer

hinter den Wolken
hinter ihren Formen den dunklen

und wilden und unscharfen
hinter dem Vorhang aus Luft

dort siehst du es
das gleißende Licht

den anderen Glanz
das jenseitige Leuchten

und die Strahlen die sanft
das Meer berühren

dorthin fliegen sie
die Meister der Lüfte

die Möwen des Windes
und dein Herz fliegt mit

Seelenflug

fort fort
ist sie geflogen
mit den Möwen der Urzeit
in die Dünen des Windes
meine Seele

sanft ist sie verschwunden
mit der Sonne des Westens
der im Meer untergehenden
verschwindend verlöschend
meine Seele

jetzt fliegt sie
in den Wildwuchsgebieten
zwischen den Birkenhainen
den Kiefern und Dünen
mit den Falken und Eulen

mein Körper ist nur
eine trockene Hülle am
horizontlosen Strand
der Wind wird sie wehen
hinaus aufs Meer

lass es gut sein

sie reden von Buddha
und streiten sich über
Lehren und Methoden

sie reden über Jesus
und streiten sich über
Gebote und Wahrheit

sie reden von Ritualen
und streiten sich über
Energien und Echtheit

die alten Bäume des Hügels
stehen und schweigen
im Wind der Zeiten

die grauen Steine des Berges
bewahren in ewiger Stille
die Weisheit der Erde

die Wolken kommen und gehen
sie ziehen über den Himmel
dem endlosen Raum der Nacht

Mutter Erdes Planet

ich brauche keine Menschen
die meine Erde nur ausbeuten
besudeln und zerstören

ich brauche keine Megastädte
und keine künstlichen Einkaufswelten

elektrische Welten sind Welten
für Maschinen und Mutanten

meine Welt ist die Welt
der Erde und Steine
der Bäume und Tiere

das Feuer des Wahns
wird euch verbrennen
das Feuer der Verblendung
der Gier und Sucht

meine Welt ist die freie Steppe
ohne Zäune und Straßen

meine Welt ist das freie Meer
das atmen kann wie der Wal

euer Untergang ist längst beschlossen
das Schicksal des Amurtigers
und des Orang-Utans
fordern es

die Zeichen vor Jahrzehnten
ihr habt sie nicht verstanden

und heute auch
nicht

Der Fluss des Friedens

der Fluss des Friedens
ist der langsame Strom

keine Hetze und Hektik kennt er
kein Rasen und Toben

der Fluss des Friedens
ist das stille Strömen des Wassers

das Brechen der Steine
längst liegt es hinter ihm

der Fluss der Gelassenheit
lebt im ewigen heiteren Sein

er muss nirgends dringend hin
es muss nichts unbedingt tun

der Fluss der friedlichen Welt
lebt der Schönheit Stille

Magische Wege am Meer

Steinkreis am Westende von Wangerooge. In der Mitte Möwenfedern.

Wege am Meer

Wege am Meer kennen meist zwei Richtungen, die eine und die andere, die linke und die rechte, den Westen und den Osten. Das ist die einfache Tatsache. Das Meer ist immer das große, unendliche Gegenüber, die flüssige, atmende Unendlichkeit. Wir mögen auch sprachlos sein, kein Wort haben für das Wesen, denn es ist ohnehin viel größer und gewaltiger als wir selbst.

> Wangerooge:
> Auf der kleinen ostfriesischen Insel kann man im Wesentlichen in die zwei Richtungen laufen: in den Westen und in den Osten. Das gilt ebenfalls für die anderen ostfriesischen Inseln. Wenn man nicht gerade auf den Steindeichen im Westen der Insel unterwegs ist, kann man sich direkt am Meer oder auch etwas weiter entfernt von der Wassergrenze seinen eigenen Weg suchen.

Wer am Meer läuft, der läuft an einer Grenze entlang. Es ist die Grenze zum Anderen, zur anderen Dimension. Wir kommen zwar letztendlich aus dem Meer, aber das Meer ist nicht unsere Dimension. Wir Menschen laufen über die Erde, über den Sand. Wir atmen die salzige, frische Luft des Meeres. Die Luft ist die Dimension der Möwen und all der Seevögel. Wir schauen ihnen hinterher, laufend auf dem Sand unserer erdverbundenen Existenz.

Man kann beim Laufen am Meer eine Regression zum Ur-Menschen erleben. Das ist kein psychisches Problem, sondern eine transpersonale Erfahrung, die man durchweg als positiv, das alltägliche Bewusstsein erweiternd erlebt. Diese Erfahrung kann so weit gehen, dass man eine Art Depersonalisierung ins Weite und Unendliche erlebt. Wer sie erfahren hat, der weiß, wovon ich spreche. Wer nicht, der reise am besten ans Meer. Sportinteressierte Menschen erleben dies beim Surfen oder beim Kite-Surfen, beim Spiel mit den Wellen und dem Wind.

Abgesehen von der als positiv erlebten Auflösung gibt es die intensive Verbundenheit und Identifikation mit der elementaren Natur. Man wird und ist nur ein Teil des großen Ganzen, für das man auch keine spirituellen Modelle und Konzepte braucht. Der Wind zerweht diese ohnehin.

Ein richtiges Ziel gibt es beim Laufen nicht. Es mag eine Aussichtsdüne sein, ein Dünenübergang, die äußerste Landspitze, aber das ist bei diesen Wegen nicht wichtig. Wir gehen nur, wir sind nur gehende Zweibeiner an der ewigen Grenze zwischen Wasser und Land, zwischen dem Flüssigen und dem Festen.

Meereswege

Meereswege sind
Grenzwege am Ewigen

das atmende Wesen
ohne Namen

Ebbe und Flut
der ewige Rhythmus

das Meer ist ein
flüssiger Kosmos

ein dunkler Spiegel des
endlosen Universums

du läufst in eine Richtung
es könnte auch die andere sein

du läufst entlang an
der Linie der Flut

Muscheln und Tang
Federn und Plastik

die bunte Perlenkette
auf dem feuchten Sand

die Wege ergeben sich
beim Laufen von selbst

sie kommen und gehen
mit der Bewegung

deine Spuren sind
bald verschwunden

wie gut: du musst
keine Spuren hinterlassen

wenn du den Weg
gegangen bist

wird nichts bleiben
weil alles im Meer

verschwinden muss

Heidewege auf der Insel Wangerooge

Heidewege auf einer Insel in der Nordsee sind anders als die Heidewege der Wildeshauser Geest oder der Lüneburger Heide. Der Wanderer befindet sich auf der Insel und somit atmet er die salzhaltige und energetisch aufgeladene Luft des Meeres. Außerdem hört er das Rauschen des Meeres und die Rufe der Möwen.

Informationen:
Auf der ostfriesischen Insel Wangerooge gibt es mehrere Heidewege westlich und südlich der Ortschaft. Das Gebiet ist nicht sehr groß, vielleicht zwei Quadratkilometer, aber es ist ein wahres Kleinod. Südlich des Ortes führen Wege zum Friedhof, und dahinter zurück zum Dorf. Westlich gibt es einen mehr nördlichen Weg, der bis zur Saline führt. Der südlichere Weg führt parallel dazu in ost-westliche Richtung. Alle Wege zusammen mögen fünf Kilometer ergeben, aber das ist nicht wichtig, weil man die Wege langsam und achtsam gehen sollte.

Hier wandert man im Herzen der Insel. Man spürt es, man fühlt es. Der eigene Herzschlag ist der Herzschlag der Erde, der kleinen Erde im unendlichen Meer, das man immer hören kann. Der Wind und das Rauschen der Wellen erfüllen das Ohr. Dazwischen mal der Schrei einer Möwe oder das aufgeregte Geräusch eines auffliegenden Fasans.

Die Wege ziehen sich durch und über die Dünen, die mit Heidekraut, Kartoffelrosen und Kiefern bewachsen sind. Manchmal führt der Weg unter den Kiefern hindurch. Hier und da findet sich ein alter Bombentrichter, heute ein dunkler, stiller, runder Teich. Durchschnitten wird das Gebiet leider von der drei Meter breiten Straße, die in den Westen der Insel führt, aber es gibt viele verborgene Plätze, wo man die heilige und harmonische Anderswelt finden kann.

Heideweg in der Inselmitte von Wangerooge.

Heidewege des Herzens

im grünen Herzen
der kleinen Insel

wanderst du
auf hellen Pfaden

zwischen dem violett
blühenden Heidekraut

und den keltischgrünen
Kiefern der Erdkraft

this is really sacred
du hörst die Stimme

deines indianischen
Meisters der roten Pfade

du lauschst dem Rauschen
des wilden Meeres

deine Augen folgen
dem Flug der Silbermöwe

die Blüten der Rosen
sind Herzen des Wissens

Weg zum Eigentlichen

Den Weg in den Osten der Insel Wangerooge kann man als einen Weg zum Eigentlichen, zum Wesentlichen verstehen.

> Informationen:
> Vom Inseldorf führt der Weg auf der schmalen Straße bis zum Restaurant Neudeich. Nach dem Deich überblickt man den Schotterweg, der sich zwischen dem Dünenteil auf der nördlichen und den Salzwiesen auf der südlichen Seite in der Ferne verliert. Wer diesen Weg nicht gehen oder mit dem Fahrrad fahren will, hat die Alternative eines Licht-Weges durch die Dünen. Am Ende beider Möglichkeiten geht man auf dem Strand bis zur äußersten Ostspitze der Insel. Länge: ca. 4,4 km.

Was ist das Eigentliche? Das Eigentliche ist die Vergänglichkeit aller Dinge. Das kann man im Osten der Insel mit den Händen greifen, buchstäblich, wenn man die restlichen Steine einstiger Bauten und die Hölzer des ehemaligen Ostanlegers betrachtet und berührt. Alles vergeht, alles verschwindet. Die gigantomanischen Phantasien der Nazis sind verschwunden, die gigantomanischen Phantasien der heutigen Zeit (Windparks, Jade Weser Port) werden auch verschwinden.

Das Bleibende ist nur die sich wandelnde Energie, das Licht. Aber dieses liegt nicht und niemals in unserem Machtbereich. Wir sind nur ein Teil, wir sind nicht das Ganze. Wir sind nur eine Feder im Wind.

Der Weg in den Osten ist eine Meditation über dieses Thema.

Nur eine Feder am Strand

du fährst mit deinem
roten Fahrrad

in den leuchtenden Osten
der langgestreckten Insel

mehr und mehr
lässt du die Welt zurück

den Flugplatz das Restaurant
das Naturschutzhaus

die Schutzhütte und den
letzten Dünenübergang

nach dem Seezeichen
ist nur das Nichts, die Leere

hier wohnen der Wind
und der Austernfischer

hier verliert sich die Zeit
und es bleibt nur

die weiße Feder
am Bogen des Strandes

Weg zum Westen

Der Weg zum Westen ist vielleicht vor allem der Weg zur Dunkelheit, zur Trauer, zum Trauma. Schon vor vielen Jahrzehnten wurde mir dort das Verschwinden der Natur bewusst. Das hat sich leider bis heute nicht geändert, weil die reine, ursprüngliche Natur nicht wirklich ein Anliegen der technologischen Weltkultur ist.

Informationen:
Der Weg in den Westen führt auf der Insel Wangerooge auf der nördlichen Seite über die Straße in den Westen, oder über den kleinen Fahrweg auf dem Deich, der etwa in nordost-südwestliche Richtung zum Westturm verläuft. Der Westturm ist das symbolische Bauwerk der Insel schlechthin. Da die Insel in den letzten Jahrzehnten im Westen sehr viel Sand verloren hat, führen heute viele Wege über Steinpfade. Zwischen der Biegung des großen Steindammes und der Steinmole beim Hafen kann man über Sand gehen. Aber auch hier gibt es einen flacheren Steindamm wegen des Küstenschutzes.

Am Ende werden vielleicht alle Bemühungen des Menschen, das Wandern der Inseln zu verhindern, vergeblich sein. Einst war das eben das Wesen der ostfriesischen Inseln, ihr Wandern. Das gleiche Phänomen findet man im Osten, bei den großen Wanderdünen Ostpreußens. Dünen sind vergängliche Gebilde. Sie entstehen durch Wasser und Wind, sie vergehen durch Wasser und Wind. Das kann und will der Mensch nicht akzeptieren. Also betreibt er einen großen Aufwand, um den gegenwärtigen Bestand der Insel zu halten. Der Küstenschutz kostet Millionen von Euro.

Die Wege im Westen vermitteln dem Wanderer das Thema der Vergänglichkeit, Vergeblichkeit, das zwanghafte Handeln des Menschen, weil er es anders als die Natur will.

Das Vergehen

am Ende wird es
vergeblich sein

das Bollwerk des Menschen
gegen die Strömung

gegen Wasser und Wind
gegen die Zeiten des Wandels

vielleicht wird sie zerbrechen
die kleine Insel

wenn der große Sturm
aus dem Norden kommt

du läufst auf schmalen Sandstreifen
und denkst an Zeiten

als hier noch viel mehr
Sand gewesen war

als hier noch mehr Natur
und weniger Menschenwerk

man kann die Wandlung
niemals aufhalten

man muss es hinnehmen:
das endlose Vergehen

Weg zum reinen Strand

Selten bin ich einen Weg gegangen, an dessen Ende ich in einer reinen Welt gelandet bin. Sicher, unser Verstand meldet sich mit seiner Skepsis, was „Reinheit" betrifft, aber hier habe ich sie konkret erfahren.

> Informationen:
> Der Weg verläuft in ost-westliche Richtung auf der Insel Amrum. Etwa in der Mitte zwischen dem Ort Nebel und dem Ort Norddorf gibt es einen Parkplatz. Von dort führt der Weg durch einen Wald zur Vogelkoje Meerum. In der Nähe eines Steingrabes gibt es archäologische Stätten und wüstenartige Gebiete. Weiter geht der Weg auf Holzbohlen durch die Heidekrautdünen zum Quermarkenfeuer. Von dem Leuchtturm hat man eine weite, gute Aussicht. Der Weg endet an der westlichsten Spitze von Amrum. Länge des ganzen Weges: 4,5 km.

In der Nähe des Steingrabes gibt es leere, sandige Gebiete. Ideal für Medizinradrituale geeignet. Natürlich für kleine, bescheidene Medizinräder. Alles sollte man so ursprünglich hinterlassen, wie man es vorgefunden hat.

Der Bohlenweg zum Quermarkenfeuer ist ein magischer Holzpfad durch die Heidekrautdünen. Auch wenn er von Menschen geschaffen worden ist, wirkt er doch in seiner schlangenartigen Form äußerst magisch. Der Aussichtspunkt wird für die meisten Wanderer der Höhepunkt sein, weil man weit über die Inseldünen und den sehr breiten Strand blicken kann. Nach dem steilen Abstieg zum Strand läuft man in eine sehr leere, teilweise sehr unberührte Gegend hinein. Eine besonders magische Stelle habe ich mal den „Strand der Weißen Tara" getauft, weil er rein, ursprünglich und weiß wegen der hellen Muscheln wirkte.

Strand der Weißen Tara

dort draußen
in der Weite des Westens
in der Weite des Strandes
wo kaum einer läuft

wo die Dünen entstehen
und wieder verschwinden
mit dem Wind des Meeres
dem Wind der Zeiten

dort draußen
leuchtet der Strand
der Weißen Tara
rein und leer

weiß und hell leuchten
die vielen Muscheln
und der helle Sand
der Düne des Windes

Licht und Sonne und Sand
Himmel und Erde
sie formen die Quelle
der sanften Harmonie

alles lebt und fließt
in der Einheit des
goldenen Lichts und
des Rauschens des Meeres

bist du dort
dann weißt du alles
über Leben und Tod
und die Quelle
des Lichts

bist du dort
dann brauchst du
keine Wörter
denn du fühlst
den Klang der Welt

bist du dort
ist alles neu ist
alles frisch und lebendig
wie der reine Beginn
von Himmel und Erde

die Reinheit gilt es
neu zu erfahren
zu lernen den Weg
ohne Spuren

don't leave any footsteps
sagte der alte Mann
geh durch die Natur
wie der Wind
wie der Fuchs

am Ende ist alles wie zuvor
und das Heilige bleibt

Mutter Gottes, Wangerooge, St. Willehad

7. Die Mutter des Meeres

Ich hatte ein altes Gemälde von einem naturalistischen Maler gekauft. Ein Meeresmotiv. Eine untergehende Sonne am Meer. Wie am Westende meiner Insel. Ich hatte das Bild zufällig in einem Antiquitätenladen entdeckt. Was wollte mir das Bild sagen? Weshalb hatte ich es erwerben sollen? Was wollte mir das Meer sagen?

Das Meer ist zwar überall das Meer, aber mein Meer war die Nordsee. Auf meiner Nordseeinsel entdeckte ich in einer Kirche eine Marienfigur. Eine Mutter des Meeres. Die Figur sprach mich an, nicht zuletzt deshalb, weil sie mich an etwas sehr Bekanntes erinnerte.

Aber war sie auch für die anderen eine Mutter des Meeres, für die normalen Kirchgänger, die oft nur ihren Katechismus kannten? Sicher nicht. Maria war für sie nur die Maria aus der Bibel, mehr nicht. Eine reale Mutter, die man ein wenig spirituell überhöht hatte, aber eine universelle Bedeutung sahen die meisten nicht in ihr.

Eine Mutter des Meeres wurde an der Nordseeküste nicht verehrt. So wenig wie Mutter Erde. Das große Meer war ein Teil von Mutter Erde.

Ich war in der Hinsicht allein mit meinen Gefühlen. Ich kannte niemanden, der das Meer spirituell verehrte. Es war nur ein großes Wasser, auf dem die Containerschiffe nach Bremerhaven und Hamburg fuhren, und natürlich die grauen Militärschiffe. Ein großes, von Wasser überflutetes Gebiet, in das man Windparks rammen kann oder aus dem man Öl gewinnen kann, um noch mehr Verbrennungsmotoren zu betreiben, damit die Biosphäre noch mehr mit Kohlendioxid angereichert wird.

Die GROSSE MUTTER des Lebens, wer sah sie im Meer?

Wer verehrte sie, wer betete sie an?

Wer stand am Meer und betete zur **Großen Mutter des Meeres**?

„Stern des Meeres", eine der viele Metaphern für Maria. Ein Haus auf Wangerooge trägt diesen Namen. Aber was sagen diese Metaphern, wenn der konkrete Bezug zur Erde fehlt? Sind sie dann nicht nur Metaphern und sprachliche Formeln aus einer anderen Zeit, als man noch mehr direkten und realen Bezug zur Natur hatte, als die Zeit der Verehrung der Natur und der Großen Göttin noch nicht so lange vergangen war, wie heute im einundzwanzigsten Jahrhundert?

Spiritualität sollte immer einen richtigen Bezug zur Erde haben, dachte ich. Das allgemeine Gerede reicht nicht aus. Es bleibt zu distanziert. Man bleibt dann nur im Sessel oder im Strandkorb sitzen und geht nicht wirklich hinaus in den salzigen Wind oder ins Wasser des Meeres. Auf der körperlichen Ebene suchen die meisten Menschen das ja, aber in ihren Köpfen bleiben sie am Ende doch lieber oben auf der Promenade sitzen, trinken und schwatzen über tausend Themen.

Ich hatte immer die unmittelbare Nähe gesucht. Zum Meer, zu den Bergen, zum Wald, zu den Steinen und zur Heide. Überall hatte ich die Große Mutter gesucht. Die vielen Figuren der Maria waren schön. Es waren oft Kunstwerke. Hinter ihnen stand jedoch die Große Natur, die Große Mutter des Lebens. Im patriarchalischen System der Kirchen war Maria nur eine Frau, die einen Sohn zur Welt gebracht hatte. Im patriarchalischen System würde sie immer nur eine untergeordnete Rolle spielen. Ich hatte es schon oft gedacht und gesagt. Es lief immer wieder darauf hinaus. Im patriarchalischen System kann sie keine besondere Stellung haben, kann die Natur keine besondere Stellung haben. Das politische und das wirtschaftliche System sind patriarchalisch, dachte ich. Daran wird sich vorerst nichts ändern. Alle politischen Parteien beteten für mich nur zum Gott des Geldes. Das war ihr allmächtiger Vater! Mich widerte das an.

Sie beuten das Meer aus. Sie überfischen das Meer. Sie werfen ihren ganzen Müll ins Meer. Sie können das Meer gar nicht als Große Mutter ansehen. Sie können es nur besudeln und verschmutzen. Die Hardliner wollen nichts lernen und nichts ändern, ob sie nun ökonomisch oder spirituell denken, das ist egal. Ein Hardliner kann das Meer nie verstehen, weil er kein **Herz** hat, sondern nur einen Verbrennungsmotor.

In alten Gemälden kann man noch das **Herz für die Naturerscheinungen** finden, genau wie in alten Gedichten. Ich denke, dass viele Menschen vor hundert und mehr Jahren wirklich sensibler waren.

Vor Jahren hatte ich an eine Versöhnung von Christentum und Naturreligion geglaubt. Aber man wollte sie nicht, man wollte sie nicht wirklich. Man tat so, als wäre man jetzt auch ein wenig ökologisch, als hätte man begriffen, endlich begriffen, dass der anthropozentrische Standpunkt ein falscher ist. Am Ende setzte sich jedoch immer wieder die alte Haltung durch. Bei den Wirtschaftsmenschen war und ist es immer das Profitprinzip, bei den religiösen Leuten bleibt man beim Gott der Macht und Herrschaft. Es ist wie ein Gefängnis des Denkens, dachte ich kritisch. Sie sind gefangen in ihren Denkstrukturen, in ihren Schematismen!

Am Ende ist es egal, ob links oder rechts vorne in einer Kirche ein Marienaltar steht oder nicht. Wirklich wichtig ist Maria nicht, weil sie nicht zentral ist. Sie ist eher eine Art Alibi. Man sei doch gar nicht so patriarchalisch, man sei doch gar nicht so einseitig. Man achte doch das Weibliche, man achte doch die Frauen. Ja, sicher, dachte ich, aber nicht wirklich. Solange es keine **Priesterinnen der Göttin** gibt und nur diese Mannweiber mit ihren Kurzhaarschnitten und ihrem rigiden Denken, gibt es keine Verbesserung der Situation. Und meistens haben Frauen gar nichts zu sagen und dürfen auch keine Priesterin sein.

Das Meer ist der größte Lebensraum auf der Erde. Unseren Planeten nennt man auch den „blauen Planeten". Das Meer ist blau. Wenn man sich einen Globus anschaut, dann sieht man sehr viel Meer. Ich besaß noch den schönen Globus, den ich 1961 von meinen Eltern geschenkt bekommen hatte, weil ich mich damals sehr für Erdkunde interessiert hatte. Geographie. Erdkunde. Heimatkunde. Eigentlich sind das unsere Wörter. Die Kunde von der ganzen Erde. Wenn man die ganze Erde sah, dann musste man erkennen, dass es weniger Landmasse als Ozeane und Meer gibt (29,3% Landmasse).

Meine Eltern dachten damals sicher, dass ich mich nur für Geographie interessieren würde und Erdkunde, wie es in der Schule hieß, war eines meiner Lieblingsfächer gewesen. Sie sahen aber nicht den Ruf von Mutter Erde. Sie konnten es nicht sehen und sie konnten es nicht verstehen.

Das große Meer umschließt alles, umfasst alles. Ein fürchterlicher Gedanke für die alten, bärtigen Männer, die an der Spitze der Schöpfung stehen wollen. Das Meer wird sie fortspülen, so wie das Meer die ganze Männerzivilisation jetzt fortspülen wird. So hat der Anstieg des Meeresspiegels sein Gutes. Die Kopfmenschen mit ihren Kopfgöttern werden verschwinden, dachte ich zornig. Die GROSSE MUTTER wird sie fortspülen.

„Mutter des Meeres", gibt es diese Metapher für Maria? Ich wusste es nicht. Selbst wenn, dann wird es nur eine leere Formel sein wie „Stern des Meeres" oder „Himmelskönigin". Metaphern müssen im Realen, im Konkreten verwurzelt, richtig geerdet sein, sonst bleiben sie nur schöne Rhetorik.

„Feministische Theologie" war ein Versuch einer Veränderung gewesen, der aber scheitern musste, weil die Wurzel faul war und ist. Das Fundament taugt nichts, deshalb kann es alles nicht funktionieren, dachte ich. Dorothee Sölle oder Uta Ranke-Heinemann bleiben nur Versuche, gut gemeinte Versuche.

Weiches Wasser bricht den Stein, so hieß es einmal in einem Lied. Das Element des Wassers kann die Steinbauten zu Fall bringen. Man muss sich nur die Flutkatastrophen auf der Erde anschauen.

„Macht euch die Erde untertan!" Ein böses Programm, dachte ich, ein falsches, fatales Programm. Sie haben es übernommen, sie haben es bis heute nicht überwunden. Es steckt in ihren Köpfen, ob sie nun religiös oder nicht religiös sind. Auch die Atheisten huldigen dem Gott des Machens und der Macht. Sie wollen das Programm auch gar nicht ändern, sie sehen keinen Grund. Ihre Ökologie ist eine technische, ihre Liebe zur Natur nur geheuchelt.

Sie lieben nicht das Meer, sie lassen es nicht in Ruhe, sie wollen es nicht reinigen. Sie wollen ihre gigantischen Windparks und ihre vielen Bohrinseln. Auf der Insel Wangerooge bauen sie immer weiter neue Häuser, obgleich die Insel wegen der Klimaveränderungen keine Zukunft haben wird, denn den Anstieg des Meeresspiegels von zwei Metern und mehr kann und wird die Insel nicht verkraften können. Schon heute kostet der Küstenschutz jedes Jahr Millionen. Im letzten Jahr wurde der Strand fortgespült. In diesem Jahre ebenso.

Maria ist nur eine schöne Holzfigur in der Kirche St. Willehad auf Wangerooge. Und wenn die Menschen vor ihr beten oder ihre Kerzen anzünden, dann denken sie vor allem an sich, an ihr kleines Problem, an ihre Magenschmerzen, an ihre Rückenschmerzen, an ihren Krebs, an ihre zerrüttete Ehe, an ihr verlorenes Kind. Sie sehen das kleine Leid, nicht das große Leiden der Erde, des Meeres, des Himmels. Auch der Himmel ist ja längst nicht mehr rein und erfüllt von guter Luft.

Ich saß auf einer Düne und schaute den Möwen zu. Seit Jahrtausenden leben sie ihr Leben mit dem Meer und dem Wind. Sie bauen keine Häuser, brauchen keine Eigentumswohnung, brauchen keine Unzahl an Kulturgütern. **Sie leben ganz mit den Elementen des Lebens, und damit leben sie immer mit der Großen Mutter.** Sie fliegen in ihrer Dimension. Wir Menschen sind herausgefallen, wie unreife Vögel, und schauen zurück auf das Verlorene.

Im Buch des Leben würde vielleicht der Satz stehen: „Lebt und schwingt mit der Erde!" Es müsste ein Buch des Lebens geben, aber kein Buch des Todes, das mit dem Mord beginnt und mit einem Mord endet. (Kain erschlug Abel – und am Ende wird Jesus ermordet.) Dieses Buch der Mörder kann keine Zukunft haben.

Ich hatte es oft nicht verstanden, warum ein Sokrates oder ein Jesus keine Schriften hinterlassen hatten. Vielleicht wollten sie den geistigen Prozess lebendig erhalten. Vielleicht war nur das ihre zentrale Botschaft: *Halte deinen Geist lebendig! Schwinge mit dem Sein! Schwinge und atme mit der Mutter des Meeres!* Platon und Paulus, die zwei ersten großen Interpreten von Sokrates und Jesus haben diesen Geist in ihren Werken noch gehabt. Später ging er dann eher verloren. Je kleingeistiger man wurde oder ohnehin bereits war, desto mehr wollte man festlegen. Katechismen sind tote Schriften. Gesetzesbücher sind tote Schriften. Ihre Bibel ist ein Totenbuch, mit dem sie das Leben erschlagen.

Im Grunde geht es immer wieder darum, dass man eine eigene Vision haben muss. Sokrates hatte eine. Er nannte sie „daimonion". Jesus hatte eine. Platon hatte eine. Paulus hatte eine. Man kann die Vision eines anderen nicht übernehmen. Einfach glauben, so funktioniert es nicht. *Es reicht nicht, einfach nur zu glauben.* Man muss seine eigene Vision haben, seine eigenen Erfahrungen machen.

Ich hatte die Vision einer geheilten Erde, einer liebenden Mutter Erde. Deshalb errichtete ich im Tal der Isar die Steinkreise, die Medizinräder. Es waren Botschaften für die Zukunft.

Ich stand auf der Düne. Es war dunkel geworden. Das Meer rauschte wie immer sein uraltes Lied. Ich meinte, eine Gestalt rechts in den Dünen zu sehen, war mir aber nicht sicher. Sie schien näher zu kommen.

Ja, ich bin es, die Frau aus dem Meer.
Ich bin die Mutter des Meeres.
Die Menschen deuten viel, mal so, mal wieder anders,

*im Laufe der Jahrtausende,
aber ich bleibe die alte Göttin des Wandels,
der Wellen und des Windes.*

Atme den Wind und du kannst spüren, wie ich alles durchdringe.

*Du beklagst die Holzfiguren und die beschränkte Sicht der Menschen.
Sie können nicht anders.
Sie müssen sich an etwas festhalten.*

*Das Meer ist dunkel und unendlich,
wie der schwarzblaue Kosmos,
wie der Rabe und der fliegende Schwan.*

Atme den Wind und spüre die Spirale des Kosmos,

*die sich dreht um den dunklen Kern.
Du erinnerst dich an das Oktogon?
An die schwarze Mutter der Welt?
Das Meer rauscht immer und ewig,
im Rauschen erkennst du das Wesen.
Es gibt keine einfachen Erklärungen,
es gibt keine Schachbrettmodelle.*

*Das Buch der Wandlungen
erkennst du in den Mustern der Wellen,
in den Wirbeln des Windes
und den Flügen der Möwen.*

Lass den Leuten, vor allem den Männern,

ihre kleinen Spielchen im Sandkasten,
denn der Sand wird verwehen
und ihre Burgen holt das Meer.

Du weißt, dass ich viele Gesichter habe.
Ihr kleiner Gott ist nur ein kleiner Versuch.
Etwas für kleine Jungen mit großen Stiefeln.
Du kannst nur lachen wie der Wind.

Die Frau war verschwunden. Ich sah nur das dunkle Meer, hörte den Wind, sah die Lichter der Schiffe, die nördlich von Wangerooge vorbei fuhren. Sogar das Licht von Helgoland konnte ich sehen. Sie leuchten ein wenig in der Dunkelheit herum, bis sie verschwunden sind, dachte ich. Es wird alles in der Dunkelheit verschwinden. Die große Dunkelheit ist der warme Urgrund des Seins.

In Zukunft müsste es viel mehr eine Theologie der Erfahrungen geben, dachte ich. Das schreibt auch Jörg Zink in seinem Buch „Gotteswahrnehmung". Eine Thea-Logie, denn das Meer und der Urgrund sind im Wesen umfassend weiblich. Eine Thea-Logie, die alle Traditionen der Erde integriert. Auch wenn man zu einer Zeit immer nur einen Weg durch die Dünen zum Meer gehen kann, so sind doch alle Wege gut und gleichwertig, denn egal, welchen ich nehme, er führt mich zum Meer, dachte ich.

*

Ich saß wieder am Meer, schaute in die untergehende Sonne, ins warme, neapelgelbe, weiche Licht. Ich lauschte dem ewigen Gesang der Brandung.

Es gibt viele Söhne und auch viele Töchter von mir, sagte sie.

Als Mutter des Lebens habe ich viele Söhne und Töchter. Nicht nur Jesus. Was die Menschen immer mit ihm haben! Er war ein guter Sohn, wenn auch ein wenig zu fanatisch und überzeugt von sich, meinte die Frau. Vor ihm kamen andere, und nach ihm ebenfalls.

Also war er nicht einzigartig?, fragte ich ins Licht hinein.

Was denkst denn du? Glaubst du diesen Unsinn, diese Propaganda der Kirchen? In den Jahrtausenden vorher gab es viele Söhne und Töchter des Lichts, des guten Geistes, der heilenden Gemeinschaft. Und nach ihm ebenso. Selbst zu seiner Zeit gab es Maria Magdalena zum Beispiel. Sie ist so wichtig wie er.

Ja?, fragte ich skeptisch.

Ja sicher doch. Es ist doch keine Männergeschichte. Die ganze Männergeschichte ist falsch, war es immer und ist es immer noch. All diese Männer, ob sie nun klug herumreden oder herumschreien, das ist egal, weil sie mich nicht verstanden haben und verstehen, mich, die Mutter des Meeres.

Ich schaute weiter ins gelbe Licht. Ich sah ihr lächelndes Gesicht, das über die Dummheit der Menschen lächelte, verständnisvoll, aber auch traurig darüber, dass die Dummheit so viel Leid schafft. An dem vielen Leid kann man die Dummheit erkennen, dachte ich. Das Leiden, ein Indikator für die Dummheit! Krankheiten, Seuchen, Kriege und die Klimakatastrophe.

Die Große Mutter schickte und schickt ihre heiligen Söhne und Töchter ins Lebens, aber die verstockten Menschen hören nicht zu, wollen nicht lernen, wollen nichts ändern, wollen sich dem guten Geist nicht öffnen. Trotzige Kleinkinder, das ist ihr Niveau. Streitereien im Sandkasten um ein Auto oder um ein bisschen Gold, das am Ende nur gelber Sand ist.

Das Meer atmet und brandet ans Ufer. Weg mit dem Tand, weg mit dem Tand! Ein Mantra des Meeres.

Maria ist nur ein Name. Ein Name ist immer eine Eingrenzung, dachte ich. Die GROSSE MUTTER hat keinen Namen. Sie braucht keinen. Ein Gott, der unbedingt einen Namen braucht, ist kein Gott, sondern ein Phantom in den Köpfen der Menschen, in den Gedanken der Männer, die unbedingt groß und stark sein wollen. Sie haben die Große Mutter nicht verstanden. Sie werden sie niemals verstehen. Ihre Religion ist keine Religion, sondern eine Ideologie der Macht. Sie betrügen seit Jahrtausenden und sie betrügen immer noch. Sie missbrauchen die Seelen der Menschen, für die sie sich im Grunde gar nicht interessieren. Sie wollten und wollen nur Steuern zahlende Anhänger, mehr nicht. **Wir brauchen eine Religion der tiefen Empfindungen, des Herzens**.

Im großen Meer verschwinden die Namen, die Grenzen und Begrenzungen, dachte ich.

Im Meer gibt es all das nicht, denn das Meer ist ein großes, vielfältiges Wesen, das viele Formen des Lebens entstehen lässt.

Ich glaube an die GÖTTIN, die Große Mutter, die weise, allgütige Schöpferin der vielen Wesen und Wege zwischen Himmel und Erde.

Es ist so vieles falsch, dachte ich. Das Glaubensbekenntnis, das sie uns allen aufgezwungen haben. (Sie haben es uns in der Jugend aufgezwungen, das muss man ganz klar als Indoktrination begreifen.) Man müsste mehr von sich, seinen persönlichen Erfahrungen ausgehen und diese zum Ausdruck bringen. Nicht nur die Tatsache, dass sie zu etwas zu sehr festlegen wollten und immer noch daran festhalten wollen, ist falsch, sondern vor allem auch der Punkt, dass sie immer behaupten, ihre Sichtweise wäre die einzig richtige und wahre. Das war und ist ihr Programm: Sie wollen individuelle Wege verhindern. Dabei gibt es so viele Wege. Individuelle Wege sind schön. **Nur im individuellen Weg zeigen sich Charakter, Tiefe und Seele.** Ich bin kein spirituelles Schaf, sondern ein Revolutionär der Philosophie.

Das Meer lebt, es schafft immer wieder neu, es ist immer in Bewegung, es wird immer in Bewegung bleiben, solange die Erde um die Sonne kreisen wird.

Das Meer ist das vielfältige Leben.

Wangerooge, Westen – im Hintergrund der Westturm

Hinweise zu meinen naturmystischen bzw. schamanischen Gedichten:

1. Bei naturmystischen bzw. schamanischen Gedichten handelt es sich gewissermaßen immer um beschwörende Gesänge. Besondere Kräfte und Energien der Natur werden angerufen, herbeigerufen, ins Leben gerufen.

2. Naturmystik hat nichts mit Phantasie, bloßer Träumerei oder gar Spielerei zu tun. Alles hat einen Bezug zum ganz Konkreten, Realen. Plätze (z.B. das heilige Tal) in der Natur sind tatsächlich vorhanden.

3. Naturmystische Gedichte bzw. Gesänge stehen in einem Kontext. Das schamanische, naturverbundene oder naturmystische Weltbild ist wichtig, ist zentral. Dieses muss man kennen, um die Texte ganz verstehen zu können.

4. Beim Lesen der Texte könnte man schamanische Musik oder Musik von Naturvölkern hören. Dies könnte die Rezeption und das Verständnis fördern.

5. Trance, in welcher Form auch immer, spielt im Schamanismus eine wichtige Rolle. Die Form meiner Texte spiegelt das teilweise wider. Deshalb auch die Wiederholungen und das „Spiel" mit Variationen. Bei manchen Gedichten ist es sogar besser, diese mehrmals zu lesen, so wie man auch häufig Mantren singen oder Gebete sprechen muss, um in eine Trance zu gelangen. Ein nur distanzierter und rationaler Zugang ist a priori unzureichend.

6. Naturmystische bzw. schamanische Gedichte drücken eine sehr tiefe Liebe zur wilden Natur aus, was natürlich impliziert, dass die Umwelt- und Naturzerstörung als besonders schmerzlich empfunden wird. Anders formuliert: hinter negativen Aspekten der gegenwärtigen Weltkultur steht immer eine positive Sichtweise und Wertschätzung der ursprünglichen Natur. Hauptsächlich geht es auch bei aller Kulturkritik um diese.

7. Zum Begriff des Schamanen bzw. des Schamanischen: darunter verstehe ich eine sehr tiefe, enge, mystische Verbundenheit mit der Natur und ihren Kräften, eine seelische Verbundenheit bis hin zu einer Identifikation mit MUTTER ERDE. Schamanismus ist die Urreligion, die sich überall auf der Erde in verschiedenen Formen entwickelt hat. Den Aspekt des Heilens sehe ich hier eher in Hinblick auf die Erde.

8. Das „lyrische Ich" muss immer interpretiert werden. Das „Ich" kann und darf **nicht** in jedem Fall mit meiner eigenen Person gleichgesetzt werden.

9. Einerseits gibt es schwierig zu deutende Metaphern, andererseits aber auch Aussagen, die klar und eindeutig erscheinen. Von meiner Seite ist alles zu interpretieren, und hinter abstrakten Aussagen steckt immer noch eine Meta-Ebene.

Wolf E. Matzker, geb. 1951. Mystiker, Dichter und Künstler. Der Autor erforscht, lebt und praktiziert spirituelle Wege seit seiner Jugend. Er hat sich schon immer für eine Synthese und Weiterentwicklung der spirituellen Systeme eingesetzt. Dabei ist ihm die Würdigung der menschlichen Seele und die multidimensionale Entfaltung des Bewusstseins immer sehr wichtig gewesen. Seine Werke, die er „spirituelle Erfahrungsberichte" nennt, haben einen multidimensionalen, integralen Charakter. Sie sind philosophisch und poetisch, psychologisch und spirituell. Sie stellen somit eine innere Einheit von Dokumentationen und der literarischen Verarbeitung, der persönlichen Erfahrungen und der spirituellen Entwicklung dar.

Schamanismus als moderne Naturreligion – Grundlagen und Wege eines spirituellen Schamanismus, 2010
Der Geist der spirituellen Erfahrung, Über Jesus und den Weg des Himmels, 2010, 2016
Wilder Brocken, Über Deutschlands heiligen Berg der Dichter, Maler und Naturverehrer, 2013
Der Wolf – Krafttier der Seele. Über den Wolf im feinfühligen Schamanismus der Natur, 2014
Adler im Schamanismus, Adler, Rabe und andere Vögel im schamanischen, naturmystischen Weltbild 2015
Weitere Informationen unter: www.visionhill.de

Ritualplatz am Osten der Insel

am Weststrand von Wangerooge